Rechtsanwaltskammer Koblenz (Hrsg.)
„ ... fühlte ich mich durchaus als Deutscher ... "

„ ... fühlte ich mich durchaus als Deutscher ... "

Das Schicksal der Mainzer Anwälte
jüdischer Herkunft nach 1933

Herausgegeben von der

Rechtsanwaltskammer Koblenz

Bearbeitet von

Tillmann Krach

Luchterhand 2007

Bibliografische Informationen der Deutschen Bibliothek
Die Deutsche Bibliothek verzeichnet diese Publikation in der Deutschen
Nationalbibliografie; detaillierte bibliografische Daten sind im Internet über
http://dnb.ddb.de abrufbar.
ISBN 978-3-472-07137-2

Der Buchtitel ist ein Zitat aus den Lebenserinnerungen von Paul Simon (1884–1977).
Der Satz heißt vollständig: „Als ich aufwuchs in Mainz, fühlte ich mich durchaus als
Deutscher."
Das auf dem Umschlag verwendete Faksimile ist ein Auszug aus einem wohl
ursprünglich 1934 für Paul Simon erstellten Fragebogen, der 1938 durch den
Vermerk über die Zulassungsrücknahme aufgrund der 5. Verordnung zum
Reichsbürgergesetz ergänzt wurde („1.12.38: gelöscht b(eim) LG Mainz u(nd)
d(er) K(ammer) f(ür) H(andelssachen) Worms").

www.wolterskluwer.de
www.luchterhand-fachverlag.de
Alle Rechte vorbehalten.
Luchterhand – eine Marke von Wolters Kluwer Deutschland GmbH.
© 2007 by Wolters Kluwer Deutschland GmbH, Luxemburger Straße 449, 50939 Köln.
Gestaltung: Burkhard Adams.
Umschlagkonzeption: Martina Busch, Grafikdesign, Fürstenfeldbruck.
Druck und Verarbeitung: MVR Druck GmbH, Brühl.
Gedruckt auf säurefreiem, alterungsbeständigem und chlorfreiem Papier.

Inhalt

Vorwort..3
Justizrat Dr. Norbert Westenberger

Grußwort..5
Dr. Heinz Georg Bamberger

Grußwort..7
Marie-Luise Diewitz

Vorwort des Autors 9
Dr. Tillmann Krach

Die Verfolgung und Ermordung der
Mainzer Anwälte jüdischer Herkunft......................................13
Dr. Tillmann Krach

Biographischer Teil
Portraits..37
Kurzportraits 67
Dr. Tillmann Krach

Foto- und Dokumentennachweis..75

Vorwort

Zu Beginn des Dritten Reiches gab es in Deutschland etwa 20.000 Rechtsanwälte.

Ungefähr ein Viertel davon waren Juden. Die meisten von ihnen wurden ermordet, einige konnten rechtzeitig ins Exil gehen. Das Schicksal vieler dieser jüdischen Kollegen ist bis heute ungeklärt.

Die Ausstellung „Anwalt ohne Recht" will dazu auffordern, sich mit dem Schicksal dieser Kollegen zu befassen, an jedem Ort, an dem sie gezeigt wird.

Mittlerweile in drei Weltsprachen übersetzt, wurde sie, außer in Deutschland, auch bereits in vielen Städten in Nord- und Südamerika und Kanada gezeigt und hat dort zu weiteren Forschungen über das Lebensschicksal jüdischer Kollegen geführt. Zugleich wurde die Ausstellung jeweils um einige Tafeln mit den Schicksalen dieser Kollegen erweitert.

Auch hier in Mainz ist eine solche Erweiterung durch die Erforschung des Schicksals von Mainzer jüdischen Kollegen erfolgt. Es gebührt dem Kollegen Dr. Tillmann Krach besonderer Dank für seine verdienstvollen Arbeiten, die für die Geschichte der Anwaltschaft und damit auch für die Geschichte der Stadt Mainz einen wesentlichen Beitrag leisten.

Diese Ausstellung ist auch als Mahnung zu verstehen, auch heute Diskriminierungen und Ausgrenzungen in allen Lebensbreichen entgegen zu treten, um unsere freiheitliche Gesellschaftsordnung zu bewahren. Das Schicksal einzelner Menschen in dieser Ausstellung ruft uns die auch in unserer Region von Terror beherrschte Zeit in Erinnerung.

Eine vollständige Aufklärung aller Lebensschicksale wird es letzten Endes nicht geben können. Jedoch wollen wir nicht nachlassen in dem Bemühen, Licht in das Dunkel der Ungewissheit zu bringen und uns mit dem Thema der Vertreibung und Ermordung unserer jüdischen Kollegen zu befassen. Diese Ausstellung und das vorliegende Buch kann uns dabei eine wertvolle Hilfe leisten.

Justizrat Dr. Norbert Westenberger
Präsident der Rechtsanwaltskammer für den Oberlandesgerichtsbezirk Koblenz

Grußwort

Jüdische Rechtsanwälte gehörten zu den ersten, die die Auswirkungen des national-
sozialistischen Rassenwahns zu spüren bekamen. Formalrechtlich gestützt auf das
„Gesetz zur Wiederherstellung des Berufsbeamtentums" und das „Gesetz über die
Zulassung jüdischer Rechtsanwälte" nahmen ihnen die Nationalsozialisten Schritt
für Schritt ihren Beruf, ihre Würde, ihre Freiheit, ihre Existenz. Viele, die nicht ins
Ausland fliehen konnten oder wollten, nahmen sich das Leben oder wurden in den
Konzentrationslagern ermordet.

Die in diesem Buch beschriebenen Schicksale Mainzer Rechtsanwälte jüdischer
Herkunft lassen uns erahnen, was die Benachteiligung, die Ausgrenzung und die
Verfolgung durch das Unrechtsregime der Nationalsozialisten für den Einzelnen
und dessen Familie bedeutet haben. Die Portraits dokumentieren eindrucksvoll den
schrecklichen Verfall von Recht und Anstand in Staat und Gesellschaft, an dem auch
die Justiz aktiv mitgewirkt hat.

Mit dieser Publikation wird ein wichtiger Beitrag zur Dokumentation der
Verhältnisse in der Zeit des „Dritten Reiches" in Mainz geleistet. Sie trägt ganz
wesentlich zur Erforschung des Schicksals jüdischer Rechtsanwältinnen und
Rechtsanwälte in unserer Region bei und ist ein bleibendes Zeugnis für künftige
Generationen. Sie vermittelt das Bewusstsein davon und das Gefühl dafür, dass das
Unrecht auch im Landgerichtsbezirk Mainz, gleichsam „vor der eigenen Haustür",
geschehen ist. Das Werk ist deshalb auch eine Mahnung, uns beständig und mutig
für den Rechtsstaat einzusetzen, aufmerksam zu bleiben und wachsam darauf zu
achten, dass Freiheit, Würde und persönliche Integrität jedes einzelnen Menschen
gewahrt und gewährleistet bleiben.

Dr. Heinz Georg Bamberger
Staatsminister der Justiz, Rheinland-Pfalz

Grußwort

Eine Dokumentation der Schicksale jüdischer Anwälte im Bezirk des Landgerichts Mainz seit 1933 war überfällig.

Nach der Machtergreifung Hitlers am 30. Januar 1933 wurde der „Geist des Nationalsozialismus" von Carl Schmitt und Roland Freisler übereinstimmend zur obersten ungeschriebenen Norm der Rechtsordnung erklärt. Alle jüdischen Anwälte litten in der Folgezeit unter der Ausgrenzung und dem Verlust ihrer beruflichen Tätigkeit bis zum allgemeinen Berufsverbot im November 1938. Wer nicht rechtzeitig ins Ausland hatte fliehen oder untertauchen können, verlor sein Leben.

Anhand von Einzelbiographien werden die Folgen der Eingriffe für den Einzelnen und für seine Familie lebendig. Die Lebens- und Leidensgeschichten rütteln auf und erinnern eindrucksvoll an die Entrechtung jedes Einzelnen. Was beim Lesen betroffen macht, sind nicht nur die Schicksale der jüdischen Rechtsanwälte. Es ist das Wissen davon, dass es hier im Bereich des Landgerichts Mainz geschehen ist. Dem Autor gebührt der Verdienst, die Erinnerungen an die jüdischen Rechtsanwälte zu erhalten , auch um ihnen somit einen Teil ihrer nach 1933 verlorenen Menschenwürde zurückzugeben. Als Standardwerk über die Verfolgung und Ermordung der Mainzer Anwälte jüdischer Herkunft wird diese Darstellung über den Tag hinaus Bestand haben.

Marie-Luise Diewitz
Vizepräsidentin des Landessozialgerichts Rheinland-Pfalz

Vorwort des Autors

Die Einführung der freien Advokatur im Deutschen Reich durch die am 1. Oktober 1879 in Kraft getretene Rechtsanwaltsordnung hat dem bildungsbewussten jüdischen Bürgertum den Zugang zu den bis dahin weitgehend verschlossenen juristischen Berufen eröffnet. Damit waren eine gesellschaftliche Minorität und eine Berufsgruppe schicksalhaft miteinander verknüpft: Der Anwaltstand bot den sich zu ihrer Glaubensgemeinschaft bekennenden jüdischen Deutschen unbeschränkte berufliche Entfaltungsmöglichkeiten, und wer sie nutzte, um Karriere zu machen, förderte damit indirekt wiederum das Ansehen seines Standes. Andererseits war die Anwaltschaft wie fast keine andere Berufsgruppe ein potentielles Opfer anti-jüdischer (später antisemitischer) Tendenzen – und die nichtjüdische Kollegenschaft in Gefahr, zu deren (Mit-) Träger zu werden. Auch wenn also die jüdischen als eine Teilmenge aller Rechtsanwälte gar nicht „sichtbar" waren, waren sie und der Berufsstand einander „auf Gedeih und Verderb" ausgeliefert: Die Offenheit für die gesellschaftlich Benachteiligten war essentieller Bestandteil einer großen liberalen Tradition; wurde jene beseitigt, musste auch diese ihr Ende finden – wie es dann 1933 tatsächlich geschah.

Wir haben folglich allen Anlass, uns noch mehr als andere mit dem Schicksal der in jenem Jahr auch amtlich mit dem Etikett „nichtarisch" versehenen Kollegen und Kolleginnen zu befassen. Die Kammern und Vereine haben damit spät – vor ca. 15 Jahren erst – begonnen, seitdem jedoch wurden in zahlreichen Regionen (des heutigen) Deutschlands vor allem biographische Recherchen betrieben und nicht zuletzt die unter dem Titel „Anwalt ohne Recht" seit dem Jahr 2000 gezeigte Wanderausstellung der Bundesrechtsanwaltskammer hat die lokale Geschichts-forschung nachhaltig belebt. Die Mainzer Situation wurde erstmals in der Kammer-festschrift näher betrachtet.[1] Die inhaltliche Gestaltung des biographischen Teils bedarf einiger Erläuterungen:

---

1 Die Rechtsanwaltskammer für den Oberlandesgerichtsbezirk Koblenz hat zur Feier ihres 50jährigen Bestehens 1997 eine Festschrift herausgegeben, deren Beiträge sich auch mit der Standesgeschichte im jetzigen OLG-Bezirk vor 1946 befassen. Der Aufsatz über die „Gleichschaltung" der Anwaltschaft 1933 und deren Folgen für die beim Landgericht Mainz – damals Teil des OLG-Bezirks Darmstadt – zugelassenen „nicht-arischen" Rechtsanwälte ist nachfolgend in leicht geänderter und gekürzter Fassung abgedruckt (vgl. auch Mainzer Geschichtsblätter, Heft 12, 2000 und das von *Thomas Vormbaum* herausgegebene Jahrbuch des Instituts für Juristische Zeitgeschichte Hagen, 2001, Band 2, S.90). Die in der Zwischenzeit ergänzend ausgewerteten Quellen sind berücksichtigt. Die wissenschaftliche Basis für den Beitrag sind die 1991 erschienene Dissertation des Autors „Jüdische Rechtsanwälte in Preußen – Über die Bedeutung der freien Advokatur und ihre Zerstörung durch den Nationalsozialismus" sowie weitere Forschungen in einschlägigen Archiven.

Das vorrangige Kriterium für die Entscheidung, ob der betroffene Anwalt für ein ausführliches Porträt geeignet oder nur mit einer kurzen biographischen Skizze zu würdigen sei, war die Quellenlage. Eine Ausnahme bildet *Heinrich Winter*. Aus vielerlei Gründen, die sich auch aus den hier vorliegenden Texten ablesen lassen, muss er als „Sonderfall" eingestuft werden, der in der Reihe der ausführlichen Porträts deplatziert wirken würde.

Der Umfang und die Qualität des bislang ausfindig gemachten Materials sind im Übrigen sehr unterschiedlich. Sicherlich am besten dokumentiert ist das Schicksal von *Paul Simon*, weil er seine Lebenserinnerungen hinterlassen und der Kontakt zu zwei von seinen Söhnen die Verwertung zahlreicher Dokumente aus Familienbesitz ermöglicht hat.[2] Letzteres gilt auch für *Franz Kallmann* und *Otto Neumann*,[3] deren Söhne in Paris bzw. in Maryland (USA) leben, und – in eingeschränktem Umfang – für *Emil Kramer*, der mit seiner Familie nach England geflüchtet war. Die Großnichte Siegmund Levis hat mir einiges über ihre Vorfahren erzählt und eindrucksvolle Fotos zur Verfügung gestellt. Allen Angehörigen, den zwischenzeitlich verstorbenen und den noch lebenden, gelten mein Respekt und meine Dankbarkeit.

Über einige der Porträtierten habe ich das Wesentliche aus den Akten der Entschädigungs- und Rückerstattungsbehörden erfahren. Dieses Material ist für die Rekonstruktion des privaten und beruflichen Schicksals der Verfolgungsopfer von unschätzbarem Wert. Entsprechende Vorgänge sind (nach derzeitigem Kenntnisstand) auch für *Siegfried Drucker, Julius Guthmann, Alfred Haas, Josef Kahn, Franz Kallmann, Siegmund Levi* und *Fritz Straus* vorhanden.

Richtigerweise ist im Zusammenhang mit der „Wiedergutmachung" auch die „Wiederzulassung" zu erwähnen: Das Archiv der Rechtsanwaltskammer Koblenz brachte Personalakten von *Josef Kahn* (später *Joseph Kent*) und *Franz Kallmann* zutage, die den zermürbenden Kampf dieser Emigranten für eine Rückkehr in ihren alten beruflichen Status eindrucksvoll dokumentieren.

Daneben sind die beim Landgericht Mainz geführten – allerdings vom Umfang her sehr verschiedenen – Personalakten für *Drucker, Guthmann, Kallmann, Kramer,*

---

2 Paul Simon (1884-1977), Meine Erinnerungen. Das Leben des jüdischen Deutschen Paul Simon, Rechtsanwalt in Mainz. Bearbeitet von *Tillmann Krach*, hrsg. von *Tillmann Krach* in Zusammenarbeit mit dem *Verein für Sozialgeschichte Mainz e.V.* (Sonderheft der Mainzer Geschichtsblätter), Mainz 2003.
3 Vgl. zum Schicksal der Familie *Neumann* auch die Beiträge von *Gert Niers* in : Das Exil der kleinen Leute, Alltagserfahrungen deutscher Juden in der Emigration (1991) und „German Life" (Ausgabe 8/9 2006) sowie den Ausstellungskatalog „Heimat und Exil" (2006); ferner *Harold B. Neumann* in: Begegnungen mit dem Judentum am Rabanus-Maurus-Gymnasium Mainz, 1993.

Levi, Neumann, Simon und *Straus* zu erwähnen, die mir seinerzeit von dem Land-gerichtspräsidenten *Dr. Tüttenberg* zur Verfügung gestellt wurden. Sie haben auch dabei geholfen, die ansonsten wenig bekannten Berufsbiographien von *Franz Carlebach, Eduard Herz, Otto Lichten, Ernst Reinach* und *Sigwart Süssel* ein wenig aufzuhellen.

Mit dem Schicksal *Max Tschornickis* haben sich schon andere befasst, so dass ich zum Teil auf deren Recherchen zurückgreifen konnte. [4]

Schließlich enthält der im Stadtarchiv Mainz verwahrte Nachlass *Michel Oppenheim* zahlreiche Hinweise auf Verfolgungsschicksale. Auch die dortigen Familienregister und natürlich die Mainzer Adressbücher sind eine wichtige Quelle. Allen Mit-arbeitern der verschiedenen Archive sei an dieser Stelle für ihre Unterstützung gedankt.

Mainz, im August 2007   Tillmann Krach

---

4 Ich danke dem NS-Dokumentationszentrum Rheinland-Pfalz/Gedenkstätte KZ Osthofen (*Frau Arenz-Morch*) für Hinweise auf wichtige Dokumente und Archivalien. Vgl. auch *Angelika Arenz-Morch*, „Max Tschornicki: der „mutige Lausbub mit den kurzen Hosen", Mainzer Zeitung vom 9.8.1990; *Paul Ronell*, Erinnerungen an meine Jugend in Mainz (1995); *Gundula Werger*, Immer auf der Flucht, Das historische Lager Osthofen und das fiktive KZ Westhofen im „Siebten Kreuz" von Anna Seghers, Frankfurter Rundschau vom 18.11.2000; *Angelika Arenz-Morch*, Das Konzentrationslager Osthofen 1933/34, in: Die Zeit des Nationalsozialismus in Rheinland-Pfalz, Band 2 „Für die Außenwelt seid ihr tot", Hrsg. *Hans-Georg Meyer* und *Hans Berkessel* (2000).

Die Verfolgung und Ermordung der Mainzer Anwälte jüdischer Herkunft

Die besondere Bedeutung des Anwaltsberufes für Juristen jüdischen Glaubens

Für jüdische Deutsche war der Beruf des Rechtsanwaltes keineswegs eine Profession wie jede andere. Die bereits zu Beginn des 19. Jahrhunderts in der jüdischen Bevölkerung feststellbare Neigung, sich der Rechtsberatung zu widmen, bleibt statistisch nachweisbar bis zum Ende der Weimarer Republik, und sie hat viele Gründe, die im Rahmen dieses Beitrages nicht im einzelnen dargestellt werden können. So mag in den religiösen Familien die von Kindheit an praktizierte Beschäftigung mit dem Talmud – nichts anderes als ein System von Rechtsvorschriften – prägend gewesen sein und motivierend auch für das spätere Studium weltlicher Gesetze und Gesetzgebung. Dieser Erklärungsansatz greift aber nicht nur deswegen zu kurz, weil Religion auch in jüdischen Familien im Zuge der gesellschaftlichen Modernisierungsprozesse eine immer kleinere Rolle spielte, er taugt vor allem nicht als Begründung für die ebenfalls – in Relation zum Bevölkerungsanteil – unverhältnismäßig hohe Zahl jüdischer Ärzte, Patentanwälte sowie Makler und Kommissionäre.[1] Eben diese Parallele gibt wohl den entscheidenden Hinweis: Es war der freie Zugang zum Beruf, der die Wahl des Studiums bestimmte.

Die Tendenz zum freien Beruf aber war nicht etwa gewählt, sondern sie wurde von außen aufgezwungen. Denn zur Vorgeschichte des Antisemitismus in Deutschland – und damit zu den tieferen Ursachen des Holocaust – gehörte der jahrhundertealte christliche Antijudaismus, und mit der gesellschaftlichen Verwurzelung der Judenfeindschaft in Deutschland korrespondiert ihre staatlich gelenkte – oder zumindest geduldete – Umsetzung durch berufliche Diskriminierung. Aus juristischer Sicht ist zu konstatieren, dass die Rechtsordnung selbst für lange Zeit diskriminierend war und die Rechtswirklichkeit sich erst zu Zeiten der Republik einer gewandelten Gesetzeslage anzupassen versuchte.

In Preußen wurden vermutlich erst nach 1850 Juristen zur Anwaltschaft zugelassen, die Mitglieder der jüdischen Gemeinde waren. In den zeitweise von Frankreich beherrschten oder zum Rheinbund gehörigen Gebieten war die Lage für jüdische Juristen günstiger. Zwar galten noch bis 1847 in Mainz und Rheinhessen die

---

1 Die noch mit dem Kriterium Religions-(nicht Rasse-)Zugehörigkeit am 16. Juni 1933 durchgeführte Volkszählung ergab reichsweit einen Anteil von 16,25 % bei den Anwälten, 15 % bei den Maklern und Kommissionären, 13,3 % bei den Patentanwälten und 11 % bei den Ärzten. Der jüdische Bevölkerungsanteil betrug damals 0,77 %. Etwa drei Viertel aller jüdischen Anwälte waren an preußischen Gerichten zugelassen, im Kammergerichtsbezirk betrug ihr Anteil ca. 30 % (Statistik des Deutschen Reichs, Band 451, Heft 5: Die Glaubensjuden im Deutschen Reich, 1936).

diskriminierenden Bestimmungen des napoleonischen Judendekrets von 1808, jedoch hinderten sie nicht die Zulassung von Rechtsanwälten (damals Advokat-Anwälte genannt) jüdischen Glaubens.[2] Der erste Anwalt, der am damaligen Kreisgericht Mainz tätig werden durfte, war *Johann Heinrich Levita*. Er erhielt die Zulassung am 12. November 1816, obwohl sich – bezeichnenderweise – die Anwaltskammer unter Hinweis auf die Beschränkungen seiner bürgerlichen Rechte dagegen ausgesprochen hatte.

Verfassungsrechtlich brachte das Jahr 1869 die entscheidende Wende. Vom 3. Juli datiert das vom Norddeutschen Bund erlassene und knapp zwei Jahre später auch reichsweit gültige „Gesetz betreffend die Gleichberechtigung der Konfessionen in bürgerlicher und staatsbürgerlicher Beziehung", dessen einziger Artikel *„alle noch bestehenden, aus der Verschiedenheit des religiösen Bekenntnisses hergeleiteten Beschränkungen der bürgerlichen und staatsbürgerlichen Rechte"* als *„aufgehoben"* erklärte und ausdrücklich klarstellte, dass *„insbesondere"* die Befähigung zur *„Bekleidung öffentlicher Ämter"* vom Bekenntnis unabhängig sein sollte.[3] Allerdings war zum Zeitpunkt der Reichsgründung die Schieflage in der Berufeverteilung unter den Juristen jüdischen Glaubens bereits sehr deutlich: So waren in Preußen 1872 statistisch gesehen von 100.000 Einwohnern evangelischer Konfession 20 Richter und 10 Anwälte, von derselben Zahl jüdischer Religionsangehöriger jedoch nur 3 Richter und 24 Rechtsanwälte.[4]

Auch im Großherzogtum Hessen wurde ganz eindeutig eine antisemitische Einstellungs- und Beförderungspolitik praktiziert: Kein Jude gelangte in die Position eines Richters oder Staatsanwaltes, entsprechende Bewerbungen wurden einfach nicht berücksichtigt. Erst im Jahre 1910 ernannte der Justizminister den Assessor *Max Mann* zum Richter am Amtsgericht Osthofen. Die Verwaltungspraxis zielte – in Hessen wie in Preußen – darauf ab, tatsächlichen oder vermeintlichen Stimmungen in der Bevölkerung entgegenzukommen, ohne jedoch bei den diskriminierenden Einzelentscheidungen deren wahren Grund – und damit den Verstoß gegen Gesetz und Verfassung – erkennen zu lassen. Man darf annehmen, dass der behauptete Antisemitismus in der (ländlichen) Bevölkerung auch als willkommener Vorwand diente, um der konservativen Staatsanwalt- und Richterclique – vorwiegend Reserveleutnants und Beamtensöhne – eine gesellschaftliche Exklusivität zu bewahren, die durch die aufstrebenden jüdischen Kaufmannssöhne aus (oft) bürgerlich-liberalem Hause bedroht war.

---

2 Vgl. *Krug*, Die Advokat-Anwälte der Großherzoglich-Hessischen Provinzialhauptstadt Mainz, Geschichte der Mainzer Rechtsanwaltschaft von 1816 bis 1879, Diss. 1996.
3 BundGBl. 292 bzw. § 2 des Gesetzes betr. Die Verfassung des Deutschen Reiches vom 16. April 1871, RGBl. S. 63.
4 Vom Februar 1872 datiert die erste Preußische Justizstatistik, die auch die Anwälte (getrennt nach Konfessionen) umfasste, vgl. Akten des Preußischen Justizministeriums "Die Konfessionsverhältnisse der Beamten". Geheimes Staatsarchiv Preußischer Kulturbesitz Berlin-Dahlem, Signatur Rep. 84a 3258. Damals gab es in Preußen 114 jüdische Referendare (7,6 % von allen), 21 Assessoren (6,5 %), 9 Richter (0,2 %) und 75 Anwälte (3,0 %).

Kein Wunder also, dass der Anwaltsberuf nach Inkrafttreten der Rechts-anwaltsordnung für das Deutsche Reich am 1. Oktober 1879 erst recht von den jüdischen Juristen zu ihrer bevorzugten Profession erkoren wurde, denn dieses Gesetz hatte die bereits von *Rudolf Gneist* 1867 als die *„erste Forderung aller Justizreform"* bezeichneten Ziele in Gesetzesform gebracht: Der *„Amtscharakter der Rechtsanwaltschaft"* und die *„lokale Fixierung auf bestimmte Zahlen"* waren abgeschafft.[5] Es war nicht ohne Bedeutung für die Geschehnisse in der Anwaltschaft nach 1933, dass besonders in den Städten (und hier wiederum in Breslau, Berlin, Frankfurt/Main und Mannheim) ein hoher Prozentsatz der Anwälte Mitglied der jüdischen Gemeinde gewesen ist.[6] In einer Gesellschaft, deren ohnehin instabiler bürgerlicher Konsens auch durch antisemitische Tendenzen gefährdet war, war dieser Umstand naturgemäß von besonderer Brisanz. In Zeiten wirtschaftlicher Not fällt die Stigmatisierung bestimmter Personen auf fruchtbaren Boden, und von der Wirtschaftskrise blieben in den schlechten Jahren der Weimarer Republik auch Anwälte nicht verschont.

Die jüdischen Rechtsanwälte beim Hessischen Landgericht in Mainz

Das Mainzer Landgericht gehörte zum Bezirk des Oberlandesgerichts Darmstadt, des einzigen Oberlandesgerichts im damaligen Volksstaat Hessen. Dieser umfasste die Provinzen Starkenburg, Rheinhessen und Oberhessen bzw. die Landgerichts-bezirke Darmstadt (Starkenburg), Mainz (Rheinhessen) und Gießen (Oberhessen). In ganz Hessen waren am 16. Juni 1933 – dem Stichtag für die Volkszählung – 17.888 Einwohner Mitglied einer jüdischen Gemeinde, das entsprach einem Anteil an der Gesamtbevölkerung von etwa 1,25 %. Allerdings war die Zahl der Gemeindemitglieder – wie überall im Deutschen Reich – in den Jahrzehnten davor stark gesunken. In der Provinz Rheinhessen lebten zum Zeitpunkt der Volks-zählung 5.830 Juden (1,39 % der Gesamtbevölkerung), davon im Stadtgebiet Mainz 2.609 (nicht einmal 2 % aller Einwohner).[7]

In Hessen gab es im Mai 1933 laut einer Statistik des Ministeriums 342 Anwälte.[8] Als „nichtarisch" im Sinne der einschlägigen Vorschriften galten 78, darunter waren eine nicht genau feststellbare Zahl getauft, gehörten also einer jüdischen Gemeinde

---

5 Vgl. *Gneist*, Freie Advocatur. Die erste Forderung aller Justizreform in Preußen, 1867, S. 57.
6 Vgl. etwa die Statistik in Deutsche Justiz 1934, 950. Zu Mannheim: *Bell*, Die jüdischen Rechtsanwälte Mannheims, AnwBl 1985, S. 169.
7 Quelle siehe Anmerkung 1 sowie Akten des Hessischen Justizministeriums betr. das Gesetz zur Wiederherstellung des Berufsbeamtentums vom 7. April 1933, Hess. Staatsarchiv Darmstadt, G 21 63.
8 Hess. Staatsarchiv Darmstadt, G 21 1098/2, Akten betr. das Gesetz über die Zulassung zur Rechtsanwaltschaft vom 7. April 1933.

gar nicht mehr an.[9] Immerhin waren also fast ein Viertel der in Hessen zugelassenen Anwälte „nichtarisch", weit mehr als die Hälfte von ihnen hatte eine Kanzlei in den Städten Mainz, Darmstadt oder Worms. Auch dort lag ihr Anteil an der Gesamtzahl der Anwälte bei etwa einem Viertel, in Mainz sogar darüber.[10] Eine Ausnahme bildete Worms, dessen jüdische Gemeinde bekanntlich in Deutschland eine herausragende Rolle einnahm: Dort war wohl die Hälfte aller Anwälte „nichtarisch".

Die beim Landgericht zum Zeitpunkt der „Machtergreifung" zugelassenen und in Mainz ansässigen potentiellen Opfer der Verfolgungsmaßnahmen waren in alphabetischer Reihenfolge (außer dem Namen sind – soweit dies feststellbar war – Geburtsdatum und Zulassungsjahr sowie die überlieferten Kanzleisitze bis April 1933 genannt):[11]

Franz Carlebach
2. September 1883   1913   Hintere Bleiche 65

Justizrat Dr. Siegfried Drucker
9. Januar 1887   1913   Flachsmarkstraße 9, Große Bleiche 39

Dr. Julius Guthmann
16. August 1875   1901   Fuststraße 2, Gutenbergplatz 10, Petersplatz 5a,
                                 Gutenbergplatz 1, Uferstraße 57

Alfred Haas
17. Dezember 1897   1928   Bahnhofstraße 4, Große Bleiche 6

---

9 Von den betroffenen Mainzer Anwälten waren es mindestens vier. Das einzig sachliche Kriterium, Juden von Nichtjuden zu unterscheiden, nämlich die rechtliche Zugehörigkeit zu einer jüdischen Gemeinde, muss im Rahmen der folgenden Darstellung außer Betracht bleiben. Vielmehr muss die Perspektive der Verfolger und Rassefanatiker übernommen werden. In Mainz wurde nach dem generellen Berufsverbot 1938 ausgerechnet ein Rechtsanwalt – *Heinrich Winter* – als (einziger) "jüdischer Konsulent" zugelassen, der schon lange vor 1933 die Konfession gewechselt und zum Judentum ein eher distanziertes Verhältnis hatte.
10 Am 16. Juni 1933 wurden in Mainz 59 Rechtsanwälte und Notare gezählt (Statistik des Deutschen Reichs, Band 457, Heft 3: Die berufliche und soziale Gliederung der Bevölkerung in den Großstädten, 1936). Die Zahl der Notare betrug fünf (vgl. Adressbuch der Stadt Mainz, Ausgabe 1934, S. 699).
11 Die hier und an späterer Stelle genannten persönlichen Daten konnte ich in erster Linie den beim Landgericht Mainz geführten Personalakten entnehmen, soweit diese noch vorhanden sind (dem früheren Landgerichtspräsidenten Herrn *Dr. Tüttenberg* ist dafür zu danken, dass er mir die Vorgänge herausgesucht und zur Verfügung gestellt hat). In einigen Fällen konnte ich Wiedergutmachungsakten (der Entschädigungsbehörde) bzw. Wiederzulassungsakten (der Rechtsanwaltskammer) einsehen. Ferner konnte ich Personalakten des Reichsjustizministeriums in den Beständen des Bundesarchivs Koblenz ausfindig machen. Hinweise zu Einzelschicksalen bieten auch der umfangreiche Nachlass *Michel Oppenheim*, das Familienregister der Stadt Mainz sowie die Adressbücher (alles im Stadtarchiv Mainz).

Dr. Eduard Herz
2. November 1889   1919   Augustinerstraße 51, Flachsmarktstraße 9,
Große Bleiche 39

Hans Horch
27. März 1886   1911   Kaiserstraße 40

Dr. Josef Kahn
19. Oktober 1905   1931   Große Bleiche 44

Dr. Franz Kallmann
3. April 1894   1922   Große Bleiche 3, Große Bleiche 15,
Gartenfeldstraße 1

Dr. Emil Kramer
13. Februar 1878   1903   Große Bleiche 3

Justizrat Dr. Sigmund Levi
14. Juni 1864   1889   Kaiserstraße 46 1/10, Uferstraße 57 (Wohnung)

Justizrat Dr. Otto Lichten
2. September 1861   1887   Dominikanerstraße 5,
Franziskanerstraße 1 1/10, Große Bleiche 56
1/10

Berthold Mannheimer
? 1855   ?   Lotharstraße 11

Herbert Mannheimer
17. April 1901   ?   Lotharstraße 11

Otto Neumann
8. Oktober 1885   1919   Ludwigstraße 11, Schillerstraße 50

Justizrat Dr. Ernst Reinach
8. Dezember 1860   1889   Bauhofstraße 4, Fuststraße 15

Justizrat Dr. Bertram Sichel
30. Dezember 1861   1886   Bauhofstraße 4, Kaiserstraße 40

Dr. Paul Simon
13. Oktober 1884   1910   Flachsmarktstraße 30, Bauhofstraße 8,
Kaiserstraße 26

Dr. Fritz Straus
6. Juli 1902   1928   Münsterplatz 2 (Telehaus)

Dr. Sigwart Süssel
7. Februar 1894   1923/1926   Schillerstraße 26, Hafenstraße 23,
Ludwigstraße 11, Schillerstraße 50,
Große Bleiche 25

Max Tschornicki
9. August 1903   ?   Große Bleiche 38

Dr. Heinrich Winter
27. Februar 1882   1910   Fuststraße 15

Nicht aufgeführt ist *Dr. Ludwig Baum*, der Notar in Wörrstadt war und sich erst im Sommer 1933 als Anwalt in Mainz niederließ. Ihm gelang 1939 die Flucht in die USA. *Justizrat Otto Bing* schließlich soll nicht unerwähnt bleiben – er war der einzige Mainzer Notar und bis März 1933 sogar im Vorstand des Deutschen Notarvereins. Zwar durfte er aufgrund seines Dienstalters das Notariat behalten, gab es aber wenig später freiwillig auf (und kam damit seiner Entlassung infolge der „Nürnberger Gesetze" zuvor).

An dieser Stelle nur namentlich zu erwähnen sind die betroffenen Kollegen aus Bingen und Worms, nämlich

aus Bingen *Bernhard Gross, Justizrat Dr. Otto Marx, Robert Stern, Richard Strauss*

und aus Worms *Sigmund Baruch, Dr. Clemens Goldschmidt, Alfred Grünfeld, Erich Guggenheim, Paul Guthmann, Eugen Kleefeld, Dr. Friedrich Koch, Paul Krämer, Georg Nathan, Justizrat Dr. Max Strauss.*

Die Folgen der „Machtergreifung" für die jüdischen Anwälte

Es fällt zwar auf und ist bedauerlich, dass sich in Mainz ausgerechnet Rechtsanwälte als Förderer und Funktionäre der NSDAP besonders hervorgetan haben: so etwa Rechtsanwalt *Käß* als Ortsgruppenleiter des *„Kampfbundes für Deutsche Kultur"*[12] und der Wormser Rechtsanwalt *Philipp Wilhelm Jung* als Landtagspräsident (ab 13. März 1933), Staatskommissar und kommissarischer Oberbürgermeister von Mainz (20. März bis 22. Mai 1933).[13] Schlussfolgerungen auf den beruflichen Alltag der jüdischen Kollegen vor der „Machtergreifung" lassen sich daraus selbstverständlich nicht herleiten. Es lässt sich auch nicht belegen, dass sie besonderen Attacken ausgesetzt gewesen wären, zumal Rechtsanwalt *Käß* vornehmlich das Mainzer

---

12 Vgl. etwa seinen Artikel „Orpheus in der Unterwelt - Ein Beitrag zur Verjudung des Theaters" in der Mainzer Tageszeitung vom 4. Januar 1933 und den Boykottaufruf des „Kampfbundes" zum 1. April 1933 in dem gleichen Presseorgan.
13 Vgl. Die Machtergreifung der Nationalsozialisten 1933 in Mainz, Eine Dokumentation. Quellenband zur Ausstellung der Stadt Mainz Januar bis März 1983. Mainz 1983, Dokumente Nr. 154, 157, 166, 171, 173 und Abb. 23.

Theater im Visier hatte. Rechtsanwalt *Jung* hat in seinen Erinnerungen[14] betont, es habe ein *„gutes kollegiales Verhältnis"* mit den jüdischen Kollegen bestanden, er fiel auch nach 1933 offenkundig nicht durch antisemitische Exzesse auf. Immerhin fand er nach seiner Niederlassung als Rechtsanwalt in Worms *„eine starke Konkurrenz mit jüdischen Kollegen"*, ein Hinweis darauf, dass ihm das wettbewerbliche Denken in Religions- bzw. Rassekategorien nicht fremd war.

Grundsätzlich jedoch waren die jüdischen Anwälte im Kollegenkreis und im gesellschaftlichen Umfeld integriert und nur wenige – die Betroffenen selbst eingeschlossen – werden sich über die Frage des richtigen (bzw. falschen) Glaubensbekenntnisses den Kopf zerbrochen haben. In Mainz galt dies wohl über den Kreis der Anwälte hinaus generell, so berichtet jedenfalls Rechtsanwalt *Paul Simon*:

„In Mainz waren die gesellschaftlichen Beziehungen zwischen Juden und Christen größtenteils ungehindert. Die Mischehen waren besonders zahlreich. Es läßt sich auch heute schwer entscheiden, ob sie die Ursache oder die Folge der gesellschaftlichen Beziehungen waren. Jedenfalls beförderten sie die gesellschaftliche Vereinheitlichung. Vom jüdischen Standpunkt aus begründeten sie die Aussicht auf eine immer mehr fortschreitende Assimilation der Juden, eine Gefahr der schließlichen Auflösung der jüdischen Gemeinschaft. Man wies in einer halb scherzhaften, halb ängstlichen Betonung darauf hin, daß am Weißen Sonntag, an welchem die katholischen Kinder zur ersten Kommunion gehen, die Mehrheit der am Abend das Theater besuchenden Juden im Smoking erschienen, weil sie vorher an einer Kommunionsfeier in der weiteren Familie teilgenommen hatten. Jedenfalls war der Antisemitismus in der eingesessenen Bevölkerung gering und im wesentlichen auf die „von Preußen" kommenden Offiziers- und Beamtenkreise beschränkt. (...) Ich stand im Mittelpunkt des jüdischen Lebens in Mainz und meine Anwaltsklienten waren teils jüdisch, teils christlich, ohne daß ich je eine Statistik aufgemacht hätte, welcher Teil überwiegend war. Ich glaube sagen zu können, daß ich damals in meinem beschränkten Lebenskreis die Synthese zwischen Judentum und Deutschtum verwirklicht hatte, die mir als großes Ziel für die allgemeine Entwicklung vorschwebte und die Hitler dann in seinem fluchwürdigen Haß und Wahn unmöglich machte."[15]

Dennoch gilt es festzuhalten, dass die antisemitische Propaganda die Mainzer Anwälte keineswegs aussparte! Vermutlich aus dem Jahre 1921 stammte das

---

14 Zitate bei *Reuter* (Hrsg.), Worms 1933, Zeitzeugnisse und Zeitzeugen, 1995 (Der Wormsgau, Beiheft 33).
15 Zitat aus *Simon* (1884-1977), Meine Erinnerungen, Das Leben des jüdischen Deutschen Paul Simon, Rechtsanwalt in Mainz, bearbeitet von *Krach*, hrsg. von *Krach* in Zusammenarbeit mit dem Verein für Sozialgeschichte Mainz e.V. (Sonderheft der Mainzer Geschichtsblätter), 2003, S. 10 und S. 12. Das Manuskript hatte *Paul Simon* für sich und seine Familie im Jahre 1967 verfasst. Es wurde mir von dessen Sohn *Aryeh* (vormals *Max Georg*) *Simon* zur Verfügung gestellt.

Flugblatt eines *„Zentralvereins deutscher Staatsbürger christlichen Glaubens, Ortsgruppe Mainz"* (die Bezeichnung war offenkundig eine Anspielung auf den *„Centralverein deutscher Staatsbürger jüdischen Glaubens"*), in dem es einleitend heißt:

> *„Mainzer Christen, das ist Juden Macht. Schaut Euch doch in Mainz um"*,

und dann unter den Ziffern 1 bis 25 Beispiele für den behaupteten jüdischen Einfluss aufgezählt werden. Zitat:

> *„Wer spricht als Richter in Mainz über Christen Recht? Die Juden Meier, Levi, Börkel usw. Wer stellt in Mainz den größten Prozentsatz bei den Ärzten und Rechtsanwälten? Die Juden. Wer ist die rechte Hand des Provinzialdirektors von Mainz? Der Jude und Rechtsanwalt H. Horch. Wer ist Kreisamtmann von Mainz? Der Jude Oppenheimer."*

Als die Nationalsozialisten hierzu die Gelegenheit erhielten, genügten ihnen im Frühjahr 1933 nur wenige Wochen, um das antisemitische Programm in die Tat umzusetzen. Einige der wichtigsten Stationen auf diesem Weg sind im Folgenden chronologisch aufgezählt.

1. April

Die NSDAP ruft zum *„Judenboykott"* auf. Die Propaganda stellt die Aktion als eine Abwehrmaßnahme gegen die *„Greuelhetze"* dar, die von ausländischen Juden betrieben werde, um das neue Regime der Deutschen in Misskredit zu bringen. Tatsächlich markiert der 1. April 1933 den ersten Schritt zur Ausgrenzung der jüdischen Bevölkerung, indem er vor allem bestimmte Berufsgruppen einer Neid- und Hasskampagne unterwirft. An den Schildern mancher Rechtsanwälte und Ärzte klebten Zettel *„Jude"* oder *„jüdisches Unternehmen"*.[16] Auf den 1. April ist auch ein Erlass des Hessischen Justizministers an alle Landgerichtspräsidenten datiert, der hier fast ungekürzt wiedergegeben wird:

> *„Zur Verhütung von Ausschreitungen anläßlich des Abwehrkampfes gegen die jüdische Greuel-Propaganda und zum Schutze der Autorität der Rechtspflege ersuche ich Sie um Durchführung folgender Maßnahmen: 1. Die Richter jüdischer Abstammung sind zur Einreichung eines Urlaubsgesuches zu veranlassen, sofern ihre im Rahmen meiner Verfügung vom 30. vorigen Monats zugelassene Weiterbeschäftigung zu irgendwelchen Unzuträglichkeiten führen sollte. 2. Es ist umgehend zu berichten, welche Laienrichter jüdischer Abstammung (...) in der nächsten Zeit zur Dienstleistung einberufen sind. (...) 3. Bezüglich der jüdischen Rechtsanwälte ersuche ich, im Benehmen mit der örtlichen Vereinigung der Anwälte darauf hinzuwirken, daß nur noch bestimmte jüdische Anwälte in geringer Zahl, wie sie etwa dem Verhältnis der jüdischen Bevölkerung zur übrigen Bevölkerung*

---

16 Vgl. Machtergreifung in Mainz, Dokument 192.

entspricht, vor Gericht auftreten. Die Namen der Anwälte bitte ich mir alsbald mitzuteilen. (...)«[17]

Das Gebäude des Hessischen Landgerichts

17 Hess. Staatsarchiv Darmstadt, Akten des Ministeriums der Justiz, G 21 63.

Der Hessische Justizminister

Min. d. Justiz

Zu Nr. J. M. | –1. APR. 1933 № 10721

Darmstadt, den 1. April 1933.

Postscheckkonto: Frankfurt a. M. Nr. 61372.

Betreffend: Die Besetzung der Gerichte.

R 20.5.33

I. An

die Herren Landgerichtspräsidenten.

– Im Anschluss an
meine Verfügung vom
30. März 1933 zu Nr.
J.M. 10455. –

Zur Verhütung von Ausschreitungen anlässlich
des Abwehrkampfes gegen die jüdische Greuel-Propaganda
und zum Schutze der Autorität der Rechtspflege ersuche
ich Sie um Durchführung folgender Massnahmen:

1. Die Richter jüdischer Abstammung sind zur Einrei-
chung eines Urlaubsgesuchs zu veranlassen, sofern ihre
im Rahmen meiner Verfügung von 30.v.Mts. zugelassene
Weiterbeschäftigung zu irgendwelchen Unzuträglichkeit
führen sollte.

2. Es ist umgehend zu berichten, welche Laienrichter
jüdischer Abstammung (Handelsrichter, Schöffen, Geschwo-
rene, Arbeitsrichter usw.) in der nächsten Zeit zur
Dienstleistung einberufen sind. Zur Prüfung gebe ich
jetzt schon anheim, in welcher Weise hier etwa ein Wechsel, der den veränderten Verhältnissen Rechnung trägt,
herbeigeführt werden kann.

3. Bezüglich der jüdischen Rechtsanwälte ersuche ich,
im Benehmen mit der örtlichen Vereinigung der Anwälte
darauf hinzuwirken, dass nur noch bestimmte jüdische An-
/wälte

Rundschreiben des Hessischen Justizministers an die Landgerichtspräsidenten vom 1.4.1933

wälte in geringer Zahl, wie sie etwa dem Verhältnis
der jüdischen Bevölkerung zur übrigen Bevölkerung entspricht, vor Gericht auftreten. Die Namen der Anwälte
bitte ich mir alsbald mitzuteilen.

4 Ausnahmen können in Einzelfällen zugelassen werden, soweit die Rücksicht auf wichtige Interessen der
Rechtspflege es erfordert. Falls eine gütliche Erledi-
gung in der vorstehenden Form nicht erreicht werden sollte, muss ich mir weitere Massnahmen vorbehalten.

5. Die weitere Beiordnung jüdischer Anwälte auf Grund
der Prozessordnungen, der Konkursordnung und des Zwangs-
versteigerungsgesetzes erscheint nicht mehr für angängig.

In Vertretung:

gez.: Neuroth.

II. In Abschrift

dem Herrn Oberlandesgerichtspräsidenten _dahier_
mit dem Ersuchen um entsprechende Massnahmen. Eine Abschrift meiner Verfügung vom 30. März ds.Js. ist beige-
fügt.

In Vertretung:

gez.: Neuroth.

Beizuschl.: Abschr. d. vorbezeichneten Verfügung.

III.

Rundschreiben des Hessischen Justizministers an die Landgerichtspräsidenten vom 1.4.1933

23

5. April

Die Mainzer Rechtsanwälte *Pagenstecher*, *Jakoby* und *Ritter* wenden sich schriftlich an die nicht mit *„arischen"* Kollegen assoziierten jüdischen Anwälte und bieten an, zu deren Entlastung *„vorläufig Sachen an den Gerichten (...) vorzutragen"*, weil man damit rechne, dass die getroffene Maßnahme *„in absehbarer Zeit einer Revision unterzogen wird"*. Das Angebot betrachte man als eine *„Ehrenpflicht"*. Den Brief veröffentlicht am 9. Mai die Mainzer Tageszeitung mit der Überschrift *Saboteure und Verräter"* und dem Zusatz, *Pagenstecher* und seine Kollegen *„werden noch lernen müssen, was „Ehrenpflicht" deutschen Menschen, die vor dem Nichts stehen, gegenüber ist."*

Saboteure und Verräter.

Die Bestrebungen der nationalen Regierung gehen darauf, das jüdische Element in den akademischen Berufen so weit auszuschalten, daß die Zahl der jüdischen Anwälte und Ärzte dem Prozentsatz der Juden innerhalb der deutschen Bevölkerung entspricht. Jeder völlisch und bewußt deutsch empfindende wird freudig begrüßen, daß für Deutsche neuer Lebensraum geschaffen wurde und da gehen nun „deutsche" Anwälte hin und sabotieren in unerhörter Weise das Werk der Regierung. Wir sind in der Lage, folgenden Brief zu veröffentlichen, der die weiteste Verbreitung in der Oeffentlichkeit verdient:

Dr. Fritz Pagenstecher
Rudolf Jacoby
Dr. Wilhelm Ritter
Rechtsanwälte

Mainz, den 5. 4. 1933.

Herrn . . . .

Sehr geehrter Herr College!

Die Plädiersperre jüdischer Collegen steht bevor. Wie verlautet, soll damit nicht ein Ausschluß aus der Rechtsanwaltschaft geplant werden, daß also, falls Sie unter die Sperre fallen sollten, weiter, abgesehen von dem mündlichen Vortrag vor Gericht, als Anwalt tätig sein könnten.

Ich erkläre mich nun ausdrücklich bereit, soweit dies nötig sein sollte, zu Ihrer Entlastung vorläufig Sachen an den Gerichten für Sie vorzutragen oder durch meine Collegen vortragen zu lassen. Ich rechne bestimmt damit, daß diese Maßnahme in absehbarer Zeit einer Revision unterzogen wird. Ich gestatte mir zu bemerken, daß ich nicht an alle jüdischen Collegen ein derartiges Schreiben gerichtet habe, da es mir selbstverständlich unmöglich ist, diese Ehrenpflicht für alle Collegen zu übernehmen, insbesondere habe ich an die Collegen mich nicht gewandt, die einen nicht-jüdischen Socius haben.

Mit coll. Hochachtung
gez.: Dr. Pagenstecher
Rechtsanwalt."

Der Herr Dr. Pagenstecher und seine Collegen werden noch lernen müssen, was „Ehrenpflicht" deutschen Menschen, die vor dem Nichts stehen, gegenüber ist. Sie werden den neuen Geist erst noch kennen lernen müssen und dann werden sie sehen, daß eine „Revision" so gut wie ausgeschlossen ist. Sie werden auch einsehen, daß die Regierung nicht mit sich spaßen läßt, wenn es sich darum dreht, einmal zu Recht Erkanntes rücksichtslos durchzusetzen. Es sei denn, daß sie unter die Räder kommen wollen.

Mainzer Tageszeitung 9.5.1933: Denunziation hilfsbereiter (nichtjüdischer) Kollegen als *„Saboteure und Verräter"*

6. April

Der Präsident des Hessischen Landgerichts in Mainz berichtet dem Justizminister. Zitat:

„Ich habe mich mit dem Mainzer Anwaltverein in Verbindung gesetzt und mache im Einverständnis mit ihm den Vorschlag, folgenden jüdischen Anwälten noch das Auftreten vor dem Landgericht Mainz zu gestatten: 1. Dr. Heinrich Winter; er ist Kriegsteilnehmer, mit dem Eisernen Kreuz I. Klasse ausgezeichnet und seit 1908 Mitglied der evangelischen Kirche. (...) 2. Dr. Drucker; er ist zwar nicht Kriegsteilnehmer, jedoch ist er einstimmig von den befragten Rechtsanwälten und Richtern vorgeschlagen worden. 3. Dr. Süssel; er ist Elsässer. Er hat sich aus dem Elsaß ausweisen lassen, um damit sein Deutschtum zu bewahren und hatte alle damit verbundenen persönlichen und finanziellen Nachteile freiwillig auf sich genommen. Seitens des Anwaltvereins ist darum gebeten worden, noch einen vierten Anwalt zuzulassen. Als solcher wird Rechtsanwalt Horch vorgeschlagen, gegen dessen Persönlichkeit, insbesondere seine hochanständige Gesinnung ich nichts vorbringen kann. Nach meiner Ansicht dürfte es sich empfehlen, diesem Wunsche stattzugeben, wenn auch damit der Prozentsatz des Verhältnisses der jüdischen zur anderen Bevölkerung überschritten wird, da damit den Interessen der Rechtspflege gedient wird.“[18]

10. April

Das „Gesetz über die Zulassung zur Rechtsanwaltschaft" wird verkündet (RGBl. S. 188, im Folgenden auch: Anwaltsgesetz). Danach kann die Zulassung von Rechtsanwälten, *„die im Sinne des GWBB (...) nicht-arischer Abstammung sind"*, bis zum 30. September 1933 zurückgenommen werden. Dies gilt jedoch nicht für Rechtsanwälte, *„die bereits seit dem 1. August 1914 zugelassen sind oder im Weltkriege an der Front für das Deutsche Reich oder für seine Verbündeten gekämpft haben oder deren Väter oder Söhne im Weltkrieg gefallen sind"* (§ 1). Anwaltsanwärtern *„nicht-arischer"* Herkunft kann von nun an die Zulassung versagt werden. Personen, die *„sich in kommunistischem Sinne betätigt haben"*, sind von der Zulassung ausgeschlossen, bereits erteilte Zulassungen sind zurückzunehmen.

11. April

Im amtlichen Teil der Darmstädter Zeitung wird die „Verordnung über die Auflösung und Neuwahl des Vorstandes der Hessischen Anwaltskammer" publiziert, deren Artikel 1 lautet:

„Der Vorstand der Hessischen Anwaltskammer des Oberlandesgerichtsbezirks Darmstadt wird hiermit aufgelöst."

Zu diesem Zeitpunkt hat dieses Gremium zwölf Mitglieder, von denen vier aufgrund der neuen Gesetzgebung als „Nichtarier" betrachtet werden dürfen, nämlich der Vorsitzende *Hugo Bender* (Darmstadt), *Sigmund Baruch* (Worms),

---

18 Hess. Staatsarchiv Darmstadt, Akten des Ministeriums der Justiz, G 21 63.

Max Goldschmidt (Offenbach) sowie *Sigmund Levi* (Mainz). Neuwahlen werden für den 13. Mai angeordnet, weder Vorbereitung noch Durchführung dürften den Satzungsvorschriften entsprochen haben. Die jüdischen Anwälte sind im neuen Vorstand selbstverständlich nicht mehr vertreten.[19]

12. April

Der Hessische Justizminister richtet an die Präsidenten der Landgerichte Darmstadt, Mainz und Gießen die Aufforderung, alle Rechtsanwälte zu benennen, deren Zulassung gem. § 1 Abs. 1 des Anwaltsgesetzes zurückzunehmen ist, und fügt eine Liste der nach dem 1. August 1914 zugelassenen Anwälte bei. Die Frontkämpfer unter ihnen empfiehlt er besonders namhaft zu machen.[20] Nur zwölf Tage später legt der Präsident des Hessischen Landgerichts in Mainz dem Justizministerium eine entsprechende Aufstellung vor. Sie enthält – aus Mainz – die Namen *Herz, Neumann, Kallmann, Süssel* (Frontkämpfer) sowie *Haas, Kahn, H. Mannheimer, Straus* und *Tschornicki* (keine Kriegsteilnehmer, Väter oder Söhne nicht gefallen; bei *Straus* ist ergänzt, dass nachweislich zwei Brüder gefallen sind).[21]

26. April

Der Justizminister verfügt die ersten Zulassungsrücknahmen und fordert die „Frontkämpfer-Anwälte" auf, ihre Kriegsteilnahme nachzuweisen.[22] Von den Mainzer Anwälten verlieren ihre Zulassung aufgrund § 1 Abs. 1 des Gesetzes vom 7. April 1933 *Alfred Haas, Josef Kahn, Herbert Mannheimer* und *Max Tschornicki*. Die Betroffenen erhalten vom Ministerium die folgende lapidare Mitteilung:

> „*Ihre Zulassung zur Rechtsanwaltschaft nehme ich hierdurch aufgrund des Gesetzes über die Zulassung zur Rechtsanwaltschaft vom 7. April 1933, RGBl. I Seite 188, mit Wirkung vom 1. Mai 1933 zurück.*"

Die zuständigen Behörden, durch Erlasse und Verordnungen gestützt, favorisierten eine möglichst restriktive Anwendung der in § 1 Abs. 2 des Anwaltsgesetzes normierten Ausnahmebestimmungen.[23] Deswegen verwundert auch, dass *Fritz Straus* seinen Beruf weiter ausüben durfte, denn zugelassen wurde er erst 1928, am Ersten Weltkrieg hatte er nicht teilgenommen, und dass seine beiden Brüder gefallen waren, erfüllte nicht den Tatbestand der Ausnahmeregelung. Außer *Straus* durften – und wollten – die folgenden Mainzer jüdischen Anwälte zunächst in ihrem Beruf verbleiben: *Eduard Herz, Franz Kallmann, Otto Neumann* und

---

19 Zu den geschilderten Vorgängen vgl. die Akten des Hessischen Justizministeriums betr. die Anwaltskammer im OLG-Bezirk Darmstadt, Hess. Staatsarchiv Darmstadt, G 21 1111/3.

20 Hess. Staatsarchiv Darmstadt, G 1098/2, Akten des Hessischen Justizministeriums betr. das Gesetz über die Zulassung zur Rechtsanwaltschaft.

21 Hess. Staatsarchiv Darmstadt, G 1098/2.

22 Hess. Staatsarchiv Darmstadt, G 1098/2 (vgl. auch die Allgemeinverfügung des Preußischen Justizministers vom 25. April 1933, JminBl. S. 127).

23 Ausführlich *Krach*, Jüdische Rechtsanwälte in Preußen, S. 356ff. Auch die Neuzulassung eines "nichtarischen" Anwalts war zwar theoretisch noch möglich (§ 2), praktisch jedoch ausgeschlossen (a.a.O., S. 286ff.).

Sigwart Süssel als „Frontkämpfer"; *Ludwig Baum, Franz Carlebach, Siegfried Drucker, Julius Guthmann, Hans Horch, Emil Kramer, Sigmund Levi, Otto Lichten, Ernst Reinach, Bertram Sichel, Paul Simon,* und *Heinrich Winter* als „Altanwälte".

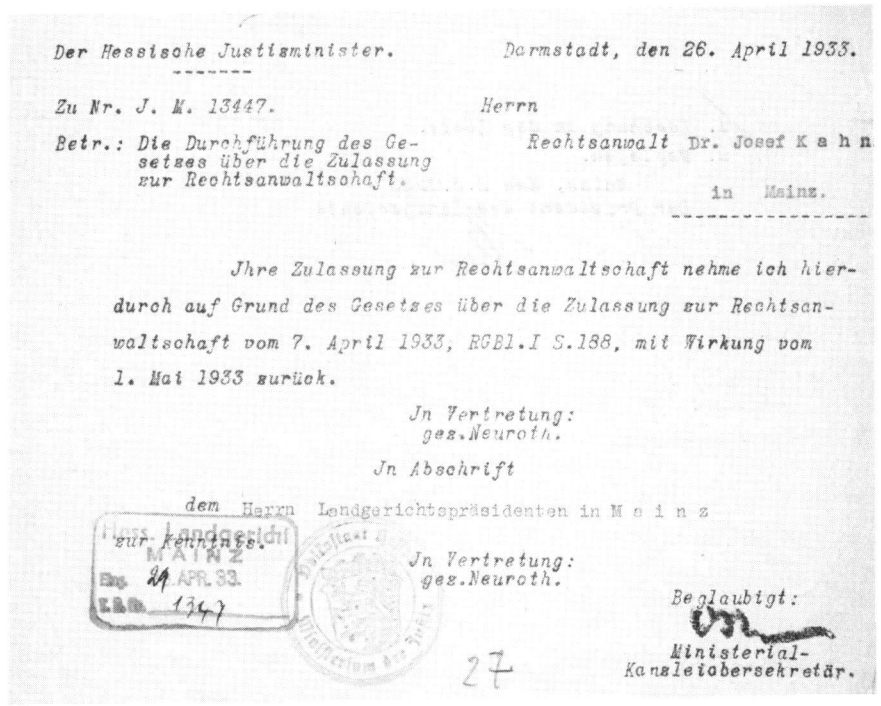

„Zulassungsrücknahme" *Josef Kahn* mit Schreiben des Justizministers vom 26.4.1933

Man darf annehmen, dass viele vom Zulassungsentzug verschonte jüdische Anwälte guter Hoffnung waren, nunmehr unbehelligt ihren Beruf weiter ausüben zu können. Dennoch musste es für die Weltkriegsteilnehmer – und erst recht für die national Gesinnten unter ihnen – eine Erniedrigung bedeutet haben, ihren Einsatz für Deutschland „*an der Front*" (so der Gesetzeswortlaut) unter Beweis stellen zu müssen, zumal Zweifel an der patriotischen Gesinnung und am Kampfeswillen der jüdischen Deutschen zum Standardrepertoire antisemitischer Propaganda gehörten. Vom Berufsverbot ausnahmslos betroffen waren diejenigen, für die der Verlust der wirtschaftlichen Existenz besonders und unmittelbar spürbar werden musste: nämlich die Junganwälte, jedenfalls alle unter 33.

Vorbereitung und Durchführung des generellen Berufsverbotes für jüdische Rechtsanwälte

Zunächst vergeblich forderten Partei und NS-Juristenbund weitere Berufsverbote. Stattdessen setzte man alles daran, den jüdischen Kollegen die Ausübung ihres Berufes so schwer wie möglich zu machen. Zahlreiche Umstände trugen dazu bei, etwa der Wegfall von Behördenmandaten, der mit parteigelenkten Boykott- und Prangeraktionen geförderte Wechsel der Privatklientel zur „arischen" Kollegenschaft, der zum Teil sehr massive staatliche Druck auf „gemischte" Kanzleien, sich aufzulösen – und nicht zuletzt der weitgehende Ausschluss von Beiordnungen im Armenrecht.

Aufschlussreich ist aber auch der Erfahrungsbericht von *Paul Simon*. Ihm blieb die Klientel – auch die nichtjüdische – bis zum allgemeinen Berufsverbot im Herbst 1938 treu, selbst der *Deutsche Benzolverband*, obwohl er deswegen im *„Stürmer"* angegriffen wurde, und die Firma *Michelin*, in deren Aufsichtsrat *Simon* saß und die aus diesem Grund von Lieferungen an die Armee ausgeschlossen war. Dennoch, so *Simon* weiter,

„(...) die anwaltliche Tätigkeit wurde im Laufe der Jahre immer unerfreulicher. Es ist (...) bemerkenswert, daß es verhältnismäßig lange dauerte, bis der Geist der Gerichte von den Nazis zersetzt wurde, dank der Unabhängigkeit der Deutschen Richter, die vor der Nazizeit Richter geworden waren. (...) Aber bei den niederen Gerichten, die mit jungen Richtern vielfach besetzt waren, war der Nazigeist immer stärker fühlbar, ebenso bei der Staatsanwaltschaft, deren Beamte ja nicht unabhängig wie Richter waren. Die Opfer ungerechtfertigter Anklagen waren vielfach jüdische Weinhändler, denen man Verstöße gegen das Weingesetz vorwarf. College Boerckel machte sich besonders in der Verteidigung dieser Angeklagten verdient. Eine unerfreuliche Art unserer Tätigkeit war (...) die Vorbereitung der Auswanderung jüdischer Klienten, denen die Devisenstellen viele und sich immer mehr steigernde Schwierigkeiten bereiteten und Sonderabgaben auferlegten, die häufig nichts anderes als nackte Räuberei waren."[24]

Verzeichnis
nichtarischer Rechtsanwälte Deutschlands

3. Mainz.

Baum, Dr. Ludwig, Horst-Wessel-Platz 11.
Drucker, Dr. Siegfried, Kaiserstr. 40.[1]
Guthmann, Dr. Julius, Am Klostergarten 6.[1]
Herz, Dr. Eduard, Kaiserstr. 40.[1]
Horch, Hans, Kaiserstr. 40.[1]
Kramer, Dr. Emil, Gr. Bleiche 3.
Levi, JR. Dr. Sigmund, Uferstr. 57 (OLG).[1]
Lichten, JR. Dr. Otto, Große Bleiche 56/10 (OLG).[1]
Neumann, Otto, Schillerstr. 50.
Simon, Dr. Paul, Kaiserstr. 26.
Straus, Dr. Fritz, Münsterplatz 2.
Süssel, Dr. Sigwart, Schillerstr. 50.
sämtlich in Mainz.

[1] auch zugelassen bei der K. f. H. Worms.

OLG-Bez. Darmstadt 2

Auszug aus dem „Verzeichnis nichtarischer Rechtsanwälte" von 1934

---

25 Meine Erinnerungen (Fn 15), S. 85.

Auf den ersten Blick mag es erstaunen, dass die „Nürnberger Gesetze" die berufliche Stellung der „nichtarischen" Anwälte völlig unangetastet ließen. Die Erklärung hierfür ist nur scheinbar paradox: Gerade weil es noch relativ viele jüdische Anwälte im Deutschen Reich gab (am 1. Januar 1936 2.552, davon 1.036 in Berlin[25]), waren rigorose Ausschlussmaßnahmen untunlich. Sie hätten die staatlichen Einnahmen verringert, Probleme bei der Versorgung der dann arbeitslosen Juristen aufgeworfen, im Vorfeld der Olympischen Spiele einen schlechten Eindruck hinterlassen und nicht zuletzt die „arischen" Kollegen vermehrt zur Übernahme – politisch unerwünschter – „Judenmandate" gezwungen. In den Jahren 1933 bis 1935 hatten im gesamten Bezirk des OLG Darmstadt nur wenige ihren Beruf aufgegeben: Von 51 (Ende 1933) sank die Zahl auf 46 (Ende 1935), der Anteil von 16% auf knapp 15 %. In den Jahren 1936 und 1937 machte sich die Verschärfung der Diskriminierung deutlicher bemerkbar: 1936 verzichteten sechs jüdische Anwälte auf die Zulassung, 1937 acht.[26] Für Mainz sind Namen und Zahlen zum Stichtag 1. Oktober 1937 bekannt: Von den insgesamt in die Listen der Mainzer Gerichte eingetragenen 64 Anwälten galten 11 als „nichtarisch".[27] Im Bezirk des OLG Darmstadt betrug deren Zahl am 1. Januar 1938 32, das entsprach einem Anteil von 12 %.

Erst nach dem „Anschluss" Österreichs, letztlich am 14. Oktober 1938, kam es zum Erlass der 5. Verordnung zum Reichsbürgergesetz, die das Berufsverbot für alle zu diesem Zeitpunkt noch tätigen jüdischen Anwälte bedeutete. Von den Anfang 1933 am Landgericht zugelassenen Mainzern waren am 30. November 1938, also bei Inkrafttreten der Berufsverbote aufgrund der 5. Verordnung zum Reichsbürgergesetz, noch im Beruf: *Franz Carlebach, Siegfried Drucker, Julius Guthmann, Emil Kramer, Otto Neumann, Bertram Sichel, Paul Simon* und *Heinrich Winter*. Die Weichen für ihr berufliches Schicksal wurden bei einer Besprechung im Reichsjustizministerium am 5. April 1938 gestellt. Dort herrschte nämlich „*Einverständnis (...) darüber, daß möglichst bald alle Juden im Sinne der Nürnberger Gesetze (...) aus der Anwaltschaft auszuschließen seien, daß dies jedoch nur erreicht werden könne, wenn gleichzeitig eine Versorgung der ausscheidenden Rechtsanwälte sichergestellt werde*".[28] Man war sich allerdings auch einig, dass eine „*Betreuung von Juden durch deutsche Rechtsanwälte (...) jedenfalls im Augenblick nicht zu erreichen sei*". Die vom Reichsjustizminister vorgeschlagene Lösung dieses Problems sah vor, „*jüdische Parteivertreter*" zu schaffen, deren Einnahmen zum größeren Teil für die Versorgung der ausgeschiedenen Anwälte verwendet werden sollten. Anfang Mai 1938 ersannen die Vertreter von Ministerien und Anwaltschaft

---

25 Vgl. Juristische Wochenschrift 1936, 562.
26 Vgl. die Statistiken in der Juristischen Wochenschrift (1934, 2956; 1935, 758; 1936, 562; 1937, 984; 1938, 547). In Preußen, wo es nach wie vor die weitaus meisten jüdischen Anwälte gab, war die statistische Entwicklung entsprechend: Vgl. *Krach*, Jüdische Rechtsanwälte in Preußen, S. 387 (ferner S. 353f.).
27 Sammelakten des OLG Darmstadt, Hess. Staatsarchiv Darmstadt, G 23 H Nr. 956.
28 Sitzungsvermerk in den Akten des Reichsjustizministeriums, Bundesarchiv Koblenz, R 22/253.

die Bezeichnung *„Jüdische Konsulenten"*. Ende Juli 1938 erhielten die OLG-Präsidenten ein Schreiben aus Berlin (*„Vertraulich! Eilt sehr!"*):

> *„Mit tunlichster Beschleunigung bitte ich, schon jetzt zu prüfen, ob und wie viele jüdische Konsulenten in ihrem Bezirk zugelassen werden müßten, welcher Ort ihnen als Sitz zuzuweisen ist und für welchen Bezirk sie zu bestellen sind. Hierzu werden unter Vermeidung zeitraubender Erörterungen durch Umfrage bei den Gerichten (Staatsanwaltschaft) und beim Präsidenten der Rechtsanwaltskammer diejenigen Prozeßsachen aus den letzten Jahren festzustellen sein, an denen ein Jude – eine jüdische Handelsgesellschaft – i. S. der 3. VO zum Reichsbürgergesetz – als Kläger, Beklagter oder Angeklagter beteiligt war. (...)".* [29]

Dieser Erlass (aus welchem hier nur ein kleiner Ausschnitt zitiert ist) wurde sofort an die Präsidenten der Landgerichte weitergeleitet, deren Antworten wiederum konnten von Darmstadt aus bereits am 22. August 1938 dem Reichsjustizminister übersandt werden. Für Mainz und Rheinhessen ergaben die Ermittlungen folgendes Bild:

> *„Vor den Gerichten des Landgerichtsbezirks waren im 1. Halbjahr 1938 rund 260 (bei Berücksichtigung der jüdischen Handelsgesellschaften rund 560) Judensachen anhängig. Wird berücksichtigt, daß die Judensachen ständig abnehmen und daß eine Vertretung für den selben jüdischen Konsulenten wohl nicht in allen Judensachen in Betracht kommt, so dürfte auch für den Landgerichtsbezirk Mainz ein jüdischer Konsulent als ausreichend anzusehen sein (...). Als Sitz des jüdischen Konsulenten dürfte nur Mainz in Frage kommen, da dort mehr als die Hälfte der gesamten Juden des Landgerichtsbezirks wohnt und dort auch die meisten Judensachen anhängig waren. Außer Mainz hat auch noch Worms und Bingen eine besonders große Anzahl von Juden und Judensachen zu verzeichnen. Es dürfte daher dem jüdischen Konsulenten die Abhaltung von Sprechtagen in den genannten beiden Städten zu gestatten sein. Die Einrichtung von Zweigstellen und die Abhaltung von Sprechtagen in anderen Orten als in Worms und Bingen erscheint nicht erforderlich."* [30]

Die Verkündung der „Fünften Verordnung zum Reichsbürgergesetz" erfolgte am 14. Oktober 1938 (RGBl. S. 1403). Anfang November wurden sämtliche 1750 im Deutschen Reich noch zugelassenen „nichtarischen" Anwälte über den zuständigen OLG-Präsidenten davon *„in Kenntnis"* gesetzt, dass der Reichsjustizminister mit Erlass vom 17. Oktober 1938 die Zulassung als Rechtsanwalt bei dem jeweiligen

---

29 Generalakten des Generalstaatsanwaltes bei dem OLG Darmstadt betreffend Rechtsanwaltsordnung, Hess. Staatsarchiv Darmstadt, G 24 Nr. 1778.
30 Hess. Staatsarchiv Darmstadt, G 24 Nr. 1778.

Landgericht *„zurückgenommen hat"*. Die Löschung in der Anwaltsliste sei veranlasst.[31]

```
Herrn
Rechtsanwalt   Dr.Emil Kramer,

             M a i n z .
  in
         Große Bleiche 3.



          Jch setze Sie davon in Kenntnis, daß der Herr

     Reichsminister der Justiz mit Erlaß vom 17. Oktober 1938

     - Ip 17 6767 - 3 - Jhre Zulassung als Rechtsanwalt bei
       dem Landgericht Mainz und der Kammer für Handelssachen
       in Worms

     auf Grund des § 1 Ziffer 1 der 5. V.O. zum Reichsbürger-

     gesetz mit Ablauf des 30. November 1938 zurückgenommen hat.

          Jhre Löschung in der Rechtsanwaltsliste der

     vorgenannten Gericht habe ich veranlaßt.

                    gez.Dr. Scriba.
```

Schreiben des OLG-Präsidenten an *Emil Kramer* vom 31.10.1938

---

31 Sämtliche Löschungen sind publiziert in der Zeitschrift Deutsche Justiz (für den OLG-Bezirk Darmstadt: DJ 1938, 1977, 2018; 1939, 100, 138).

Tätigkeit und Schicksal der „Konsulenten"

Im Bezirk des OLG Darmstadt erhielten drei „Konsulenten" eine Konzession, alle für den gesamten Bezirk, je einer zusätzlich für den LG-Bezirk Aschaffenburg (Sitz Darmstadt), für die LG-Bezirke Marburg und Kassel (Sitz Gießen) sowie für den LG-Bezirk Koblenz (Sitz Mainz). Zumindest für den Mainzer Bezirk wurde allerdings zu einem späteren Zeitpunkt – neben *Heinrich Winter* – noch ein weiterer „Konsulent" zugelassen.[32]

Man darf davon ausgehen, dass die „Konsulenten" grundsätzlich ohne Einschränkungen – und sogar vor allen Gerichtsinstanzen in mehreren Landgerichtsbezirken! – anwaltliche Tätigkeit ausgeübt haben. Eine Ausnahme bildete seit Juni 1940 der Strafprozess: Als Verteidiger konnten sie zurückgewiesen werden, wenn dies *„aus besonderen Gründen, insbesondere mit Rücksicht auf den Gegenstand des Verfahrens"*, geboten erschien.[33] Die Stigmatisierung der „Konsulenten" lag schon in der Namensgebung, zudem durften sie keine Robe tragen, vor Verhandlungsbeginn mussten sie – jedenfalls offiziell – auf ihre *„Eigenschaft als Jude"* hinweisen und ihre *„Judenkennkarte"* vorlegen,[34] mancherorts war ihnen das Betreten des Anwaltszimmers untersagt. Auch für sie war seit September 1941 vorgeschrieben, den „Judenstern" deutlich sichtbar an der Kleidung zu tragen[35] – und zwar selbst dann, jedenfalls bei offiziellen Anlässen, wenn sie als Partner einer so genannten „privilegierten Mischehe" eigentlich von dieser Verpflichtung befreit waren. Letzteres bestätigt eine Aktennotiz von *Michel Oppenheim* über eine Besprechung auf der Außendienststelle Mainz der Gestapo, datiert 9. Dezember 1941:

> *„Der Unterzeichnete wurde beauftragt, dem Herrn Konsulenten Dr. Winter mitzuteilen, daß er bei seinen Besuchen in der Außendienststelle, sowie bei seinem Auftreten vor Gericht den Stern anzustecken habe. Auf die Einwendung des Unterzeichneten, daß sich dies wohl nur beziehe auf derartige Fälle, bei denen die Jüdische Kultusvereinigung vertreten werde, hat der Herr Kommissar diese Einwendung als irrig abgelehnt."*[36]

---

32 *Georg Nathan*, Rechtsanwalt in Worms.

33 Vgl. Durchführungs-VO zur 5. VO zum Reichsbürgergesetz vom 12.6.1940, RGBl. S. 872.

34 Vgl. schon § 3 der 3. Bekanntmachung über den Kennkartenzwang vom 23.7.1938, RGBl. S. 922.

35 Vgl. Polizeiverordnung vom 1.9.1941, RGBl. S. 547.

36 Aus dem Nachlass *Michel Oppenheim*, Stadtarchiv Mainz (Bündel 49). *Michel Stephan Oppenheim*, geb. 19. Mai 1885, Sohn des Justizrates Rechtsanwalt *Ludwig Oppenheim*, war Regierungsrat beim Kreisamt in Mainz bis zu seiner Entlassung am 31. März 1934. Nach dem Novemberpogrom 1938 versuchte er auszuwandern, was aber nicht mehr gelang. Im April 1941 bestimmte ihn die Gestapo - als Nachfolger des Rabbiners *Sali Levi*, der emigrieren wollte und (noch in Berlin) am 26. April 1941 verstarb - zum Verbindungsmann zwischen der Reichsvereinigung der Juden in Deutschland (Bezirksstelle Hessen) und der Geheimen Staatspolizei. In dieser Eigenschaft hatte *Oppenheim* sehr oft Kontakt mit Rechtsanwalt *Winter* als dem einzigen

Von einigen Maßnahmen der Nazi-Bürokratie auf dem Weg zur völligen Rechtlosmachung und Enteignung der jüdischen Bevölkerung blieben „Konsulenten" bewahrt, da sie sonst ihre Arbeit nicht hätten fortsetzen können: Die ihnen gehörigen Schreibmaschinen unterlagen nicht der im November 1941 eingeführten Anmeldepflicht[37] und sie durften auch öffentliche Verkehrsmittel benutzen, was der jüdischen Bevölkerung seit April 1942 grundsätzlich verboten war.[38] Vor einer Deportation in die Vernichtungslager oder (zunächst) nach Theresienstadt und damit vor einem fast sicheren Tod waren die „Konsulenten" keineswegs geschützt. Vermutlich blieben letztlich nur diejenigen verschont, die in der schon erwähnten so genannten „privilegierten Mischehe" lebten (also mit einer Nichtjüdin verheiratet waren und als „arisch" geltende Kinder hatten), allerdings waren auch sie Opfer willkürlicher Verhaftungsmaßnahmen und brutaler Arbeitseinsätze. So wurde

Heinrich Winter im März oder April 1943 in das „Arbeits- und Erziehungslager" Frankfurt/Main-Heddernheim eingeliefert. Nach seiner Entlassung teilte er am 1. November 1943 dem Landgerichtspräsidenten mit, er habe seine Praxis wieder aufgenommen. Nur drei Wochen später untersagte ihm der OLG-Präsident die weitere Berufsausübung. Danach ging *Winter* anscheinend einer Bürotätigkeit nach, die letzten Monate bis zum Kriegsende überlebte er versteckt.

Briefkopf des „Konsulenten"

Verschleppung, Ermordung, Exil und Rückkehr

Der weitere Lebenslauf der beim Landgericht Mainz Anfang 1933 zugelassenen und in Mainz ansässigen jüdischen Rechtsanwälte konnte wie folgt rekonstruiert werden: *Siegfried Drucker, Julius Guthmann, Alfred Haas, Eduard Herz, Josef Kahn, Franz Kallmann, Emil Kramer, Otto Neumann, Paul Simon, Fritz Straus* und *Sigwart Süssel* konnten rechtzeitig fliehen. Opfer der Vernichtung wurden *Franz Carlebach* (im KZ Sachsenhausen am 14. März 1942), *Siegmund Levi* (in Theresienstadt am 21. Februar 1943), *Herbert Mannheimer* (in Auschwitz) und *Max Tschornicki* (in Dachau am 20. April 1945; er war zunächst aus dem frühen Konzentrationslager im rheinhessischen Osthofen nach Frankreich geflohen). Eines (vermutlich) natürlichen Todes starben *Hans Horch* (am 29. Juli 1937), *Otto Lichten* (am 11. Oktober 1936), *Ernst Reinach* (am 19. Juli 1942) und *Bertram Sichel* (am 27.

Mainzer "Konsulenten", zeitweise hatten beide ihre Büros im selben Haus (Grebenstraße 12).

37 Rundschreiben der Jüdischen Kultusvereinigung Nr. 30/41 vom 16. November 1941, Stadtarchiv Mainz, Nachlass Oppenheim, Bündel 52, Faszikel 25.

38 Rundschreiben der Jüdischen Kultusvereinigung Nr. 11/42 vom 8. April 1942 a.a.O.

Oktober 1940). *Heinrich Winter* überlebte in Mainz. Das Schicksal von *Berthold Mannheimer* ist bislang nicht abschließend geklärt.

Von den emigrierten Rechtsanwälten haben sich nach Kriegsende *Drucker*, *Kallmann*, *Haas* und *Kahn* (der seinen Namen in *Kent* geändert hatte) um eine Wiederaufnahme ihrer Anwaltstätigkeit in Deutschland bemüht. *Drucker* verstarb, bevor sein Zulassungsantrag beschieden wurde. *Haas*, nach New York emigriert, hatte dort die amerikanische Zulassung als „Attorney at Law" erworben und war unter Befreiung von der Residenzpflicht als Anwalt (auch) wieder in Mainz tätig. *Francois* (früher *Franz*) *Kallmann* erhielt seine Zulassung im April 1955 beim Pfälzischen OLG in Neustadt an der Weinstraße. In Koblenz war er gescheitert: Da er während des Krieges die französische Staatsangehörigkit angenommen hatte, verwehrte ihm das OLG – unterstützt durch die Anwaltskammer! – die Wieder-zulassung in Mainz mit der Begründung, als Franzose dürfe er in Deutschland nicht Anwalt werden, weil er sich möglicherweise der Ehrengerichtsbarkeit entziehen könne. Diese Rechtsauffassung hat die Kammer Koblenz allerdings später aufgegeben – kurz bevor der Gesetzgeber den während der NS-Zeit ins Ausland geflohenen Anwälten generell die Befreiung von der Residenzpflicht gewährte (§ 213 BRAO 1959). Auch gegen die Wiederzulassung des in Panama lebenden US-Bürgers *Joseph Kent* (früher *Josef Kahn*) sträubte sich die Kammer heftig, sodass sich das Verfahren mehr als vier Jahre hinzog, bevor er am 22. Juli 1958 erneut in die Liste der beim LG Mainz zugelassenen Rechtsanwälte eingetragen wurde; er starb 1986 in San Francisco. Als letzter Überlebender der vor der „Machtergreifung" in Mainz tätigen – und rechtzeitig geflohenen – jüdischen Anwälte verstarb *Fritz (Frederick) Straus* am 10. April 1990 in Los Angeles.

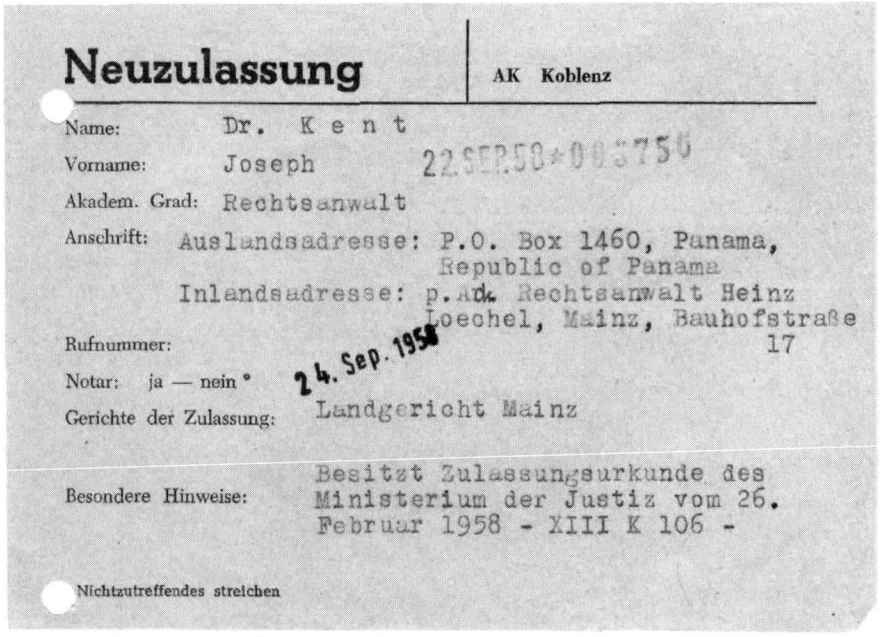

Karteikarte der Rechtanwaltskammer für die „Neuzulassung" Joseph Kents (früher Josef Kahn)

Biographischer Teil

Portraits

Justizrat Dr. Siegfried Drucker

9. Januar 1887, Mainz – 9. Januar 1956, New York

„Ich habe bereits im Laufe des Jahres 1932, ehe ich dessen Endergebnis in Bezug auf mein Einkommen kannte, beobachtet, dass die Praxis einen enormen Rückgang durch das Wegbleiben gerade der vermögenderen bürgerlichen Kreise erfahren hat. (...) Sehr viele Klienten – und das weiß ich ganz genau – nahmen in Bezug auf die Gebührenzahlung eine abwartende Stellung ein.“ (1954)

Es gibt ein aussagekräftiges Indiz für die Beliebtheit *Druckers* bei seinen – und zwar auch den nichtjüdischen! – Kollegen: Er gehörte zu den vier Anwälten, für die der Landgerichtspräsident Anfang April 1933 beim Justizminister in Darmstadt die Erlaubnis erbat, weiterhin vor Gericht auftreten zu dürfen, weil er *„einstimmig“* von den befragten Rechtsanwälten und Richtern vorgeschlagen worden sei. Der bereits seit 1913 zugelassene *Drucker* hatte sich 1920 mit *Eduard Herz* assoziiert, war aber einige Jahre später wieder Einzelanwalt in der Großen Bleiche 39. Kurz vor dem endgültigen Berufsverbot wurde seine inzwischen in die Schöfferstraße 7 verlegte Kanzlei im Zuge der Ausschreitungen der Reichspogromnacht verwüstet und geplündert. Wenige Monate später – im März 1939 – verließ *Drucker* Deutschland und nahm seinen Wohnsitz schließlich in New York.

1951 leitete *Drucker*, der jetzt den weiteren Vornamen *„Fred“* trug, das Wiedergutmachungsverfahren ein. Als ausgeübten Beruf gab er „Herstellung und Vertrieb von Schulfilmen“ an. Mitte 1954 war das Verfahren außergerichtlich abgeschlossen, für die erlittenen Schäden (einschließlich des Einkommensverlustes) erhielt *Drucker* letztlich ca. 11.000 DM. Kaum eineinhalb Jahre später ist er (an seinem 69. Geburtstag) gestorben. Die ebenfalls beantragte Wiederzulassung zur Anwaltschaft war zu diesem Zeitpunkt noch nicht erfolgt.

Wiedergutmachungsantrag vom 26. November 1951

Im Zuge der Judenprogrome im November 1938 wurde auch das Rechts-
anwaltsbüro des Rechtsanwalts Dr. Siegfried Drucker, Mainz,
Schöfferstr.7, in dem ich als Bürovorsteher tätig war, durch
Nazis zerstört.

In besonderer Erinnerung blieb mir der Verlust

1.) zweier wertvoller Ölbilder
(1.Bild: niederösterreichische Landschaft von Roedler,
2.Bild: im gleichen Stiel)
Diese Bilder stellten einen Kunstwert von mindestens
RM 400.-- dar,

2.) eine Holzgeschnitzte Madonna von dem Mainzer Pfaff,
die einen Wert von mindestens RM 500.-- präsentierte,

3.) eine Conti-Schreibmaschine,
Mindestwert RM 350,--, Anschaffungsjahr 1932,

4.) antike Möbelstücke (Renaissance-Tisch, Schreibtischstuhl,
2 Rokokko-Stühle,
mindestwert RM 200.--

5.) Beleuchtungskörper (Dreiarmige Messingkrone)
Mindestwert RM 100.--

6.) Der im Büro befindliche Kassenschrank wurde im Zuge dieser
Aktion geplündert.
Die darin befindlichen Barmittel in Höhe von ca. RM 800.--
sind durch die Naziplünderer entnommen worden.

Es ist überflüssig zu betonen, dass das Büro restlos demoliert
war, Akten durcheinander geworfen und Fachliteratur beschädigt
war.

Eidesstattliche Versicherung des früheren Bürovorstehers vom 24. Juli 1952

Dr. Julius Guthmann
16. August 1875, Worms – 25. Januar 1956, London

„Es wurden gelbe Zettel auf Veranlassung des Kreisleiters über mein Anwaltsschild geklebt mit der Aufschrift, dass ich Jude sei, Posten aufgestellt, die vor dem Eintritt in mein Büro warnten, und diejenigen Personen, die es etwa wagen sollten, mich als Anwalt in Anspruch zu nehmen, von den bei Gericht angestellten Nazis denunziert und Unannehmlichkeiten ausgesetzt." *(1953)*

Mainzer Journal vom 4. Juli 1930

Guthmann wuchs als Sohn des Malzfabrikanten *Simon Guthmann* und dessen Frau *Emilie* in Worms auf, promovierte bereits mit 23 Jahren an der Universität Giessen und ließ sich 1901 als Anwalt in Mainz nieder. Er vertrat zahlreiche Mainzer Geschäftsinhaber, heute würde man ihn wohl als „Wirtschaftsanwalt" bezeichnen. Beleg dafür sind die im Mainzer Journal vom 4. Juli 1930 abgedruckten und von ihm als Prozessbevollmächtigtem unterzeichneten großformatigen Anzeigen, mit denen sich die Firmen *Mendel* und *Lahnstein* gegen den Vorwurf des Separatismus verwahren und mit Verleumdungsklagen drohen. Er war aber nicht nur im engeren Sinne anwaltlich tätig: Als Aufsichtsratsmitglied der im Familienbesitz befindlichen *Vereinigten Malzfabriken Worms* und als Treuhänder des Hauses *Hess* (Woolworthhaus Große Bleiche) erzielte er weiteres Einkommen, und nicht zuletzt war er (Mit-) Eigentümer von Wohn- und Geschäftshäusern in Wiesbaden (Saalgasse 4-6) und Mainz (Petersplatz 5 und 5a, Schusterstraße 22) sowie einer Pension auf Sylt. Die Einheitswerte dieser Grundstücke wurden 1931 auf über 200.000 RM festgesetzt, der Immobilienbesitz machte den wesentlichen Teil seines Vermögens aus.

Die „Villa am Meer"

Seinen Posten im Aufsichtsrat verlor er im Oktober 1937 und die Treuhänderschaft wurde vorzeitig im November 1938 beendet. Die anwaltliche Tätigkeit hatte *Guthmann* zu diesem Zeitpunkt praktisch längst aufgegeben, da er als Firmenanwalt mit besonders vielen nichtjüdischen Klienten von den Folgen der Diskriminierung offenbar besonders massiv betroffen war. Bereits im April 1934 hatte er die Praxis in seine Privatwohnung verlegt, die früheren Angestellten waren – bis auf eine Aushilfe – entlassen worden. Der aktenkundige Umzug der „Schreibstube" in das Haus des Kollegen *Levi* in der Uferstraße im September 1935 war wohl aus formalen Gründen erforderlich, denn in jenem Jahr siedelte *Guthmann* nach Wiesbaden um. Sein Jahresverdienst war zwischenzeitlich von 16.000 RM (1931) auf 4.200 RM geschrumpft und bestand zu einem guten Teil aus Mieteinnahmen, die ihm sein 1922 gekauftes Pensionshaus auf Sylt verschaffte – die „Villa am Meer". Allerdings wurde auch sie im Zuge des Pogroms am 11. und 12. November 1938 erheblich beschädigt und geplündert, so dass sich *Guthmann* schon zwei Tage später zum Verkauf entschloss.

Von da an war er nicht nur ohne Zulassung – das Berufsverbot trat zum 30. November in Kraft –, sondern gänzlich ohne Einkommen, weswegen er im Februar 1939 mit seiner Frau aus Deutschland floh und nach England emigrierte. Der Vorsteher des Wiesbadener Finanzamtes stundete ihm die Zahlung der „Judenvermögensabgabe" und der „Reichsfluchtsteuer" unter der Bedingung, dass ein Kollege Vollmacht zur sofortigen Veräußerung des Hauses Saalgasse in Wiesbaden erhielt. Es wurde noch im gleichen Jahr verkauft, den Kaufpreis von mehr als 40.000 RM zahlte die Erwerberin zur Erfüllung der Steuerforderungen an das Finanzamt.

Guthmann war bei seiner Emigration 64 Jahre alt und hat nach dem Krieg von London aus die „Wiedergutmachung" betrieben, abgeschlossen waren die Verwaltungs- und Gerichtsverfahren erst sieben Jahre nach seinem Tod. Sein Hauptanliegen war zunächst die Wiedereröffnung der „Villa am Meer", die er 1950 zurückerhalten hatte. Da der Reparaturbedarf erheblich war, reiste er sogar persönlich nach Wiesbaden, um die zuständige Entschädigungsbehörde zur Gewährung eines Darlehens zu bewegen. Nach Mainz ist er nicht zurückgekehrt.

Alfred Haas

17. Dezember 1897, Stadecken – 2. März 1964, New York

„Die Plötzlichkeit meiner Existenzvernichtung machten die Vorbereitung einer planmäßigen Auswanderung unmöglich. Ich wusste nicht, welchem künftigen Beruf ich mich zuwenden könnte und welches Auswanderungsland für uns beruflich und gesundheitlich geeignet war (...). Wir nahmen deshalb die Einladung amerikanischer Verwandter an, vorläufig auf ein Besuchsvisum nach den USA zu kommen." (1958)

Haas war 35 Jahre alt und hatte eine gut gehende Einzelpraxis, als er Deutschland verlassen musste. Anfang 1928 hatte er seine Kanzlei in der Stadthausstraße eröffnet, zog noch im selben Jahr mit Praxis und Wohnung in die Bahnhofstraße und mietete zum 1. April 1932 gleichzeitig neue Kanzleiräume im Haus Große Bleiche 6 und eine 5-Zimmer-Wohnung am Feldbergplatz. Anfang 1933 beschäftigte *Haas* neben seiner Ehefrau einen Bürovorsteher, drei Angestellte und einen Assessor.

Haas war zu jung, um von den Ausnahmeregelungen des Gesetzes vom 7. April 1933 für „Altanwälte" und „Frontkämpfer" profitieren zu können, versuchte aber in den Genuss des „Frontkämpferprivilegs" zu kommen, indem er auf seine aktive Teilnahme an den Kämpfen gegen die Separatisten in Ober-Ingelheim 1923/24 verwies. Dies wurde ihm auch von einem der zwischenzeitlich zum Landgerichtsrat avancierten „Rädelsführer", dem später wegen seiner Unterstützung der Hitler-Attentäter um *Stauffenberg* hingerichteten *Karl Sack*, schriftlich bestätigt, und sogar der Landgerichtspräsident befürwortete eine „Wiederzulassung". Dennoch wurde sie vom Justizminister abgelehnt, woraufhin sich *Haas* sofort zur Auswanderung in die USA entschloss.

Am 12. Juli vereinbarte er mit der Kanzlei *Schmitt & Falk* die Übernahme sämtlicher Mandate, im Gegenzug verpflichteten sich die Kollegen die noch offenen Gebührenforderungen beschleunigt einzuziehen und *Haas* während seiner Abwesenheit in allen Rechtsangelegenheiten zu vertreten. Die für die Erteilung der Besuchsvisa erforderlichen Pässe wurden mit einem Sichtvermerk ausgestellt, der die Ausreise auf den 20. August terminierte, so dass den Eheleuten *Haas* nach Erhalt der Visa letztlich noch genau eine Woche Zeit verblieb, um ihren Hausstand und das Büro aufzulösen. Am 18. August wurden sämtliche Einrichtungsgegenstände für insgesamt 960 Reichsmark versteigert (oder besser: verschleudert), noch am selben Abend verließen *Alfred und Edith Haas* Deutschland und am 8. September erreichten sie mit dem Dampfer „Albert Ballin" New York.

Nach dem mit einigen Komplikationen verbundenen Erhalt eines Dauervisums konnte *Haas* von 1934 bis 1941 zwar nicht als Anwalt, aber immerhin juristisch tätig sein – zuletzt als „law clerk" in der Kanzlei *Fritz Moses*. Auf Dauer war dies jedoch – auch für die New Yorker Anwaltskammer – kein akzeptabler Zustand, so dass *Haas* mit 44 Jahren den Entschluss fasste, erneut Jura zu studieren. Am 19. März 1945 wurde er als Rechtsanwalt für alle Gerichte des Staates New York zugelassen und gründete mit *Fritz Moses* die Kanzlei *Moses & Haas*.

Im Frühjahr 1958 reichte *Haas* seinen ersten Wiedergutmachungsantrag ein. Das Verfahren war Anfang 1964 abgeschlossen. Als Ausgleich für den „Schaden im beruflichen Fortkommen", die „Auswanderungskosten" und die „Verschleuderung von Mobiliar und Hausrat" wurden ihm rund 20.000 DM überweisen – er selbst hat nicht mehr viel davon gehabt.

Dr. Josef Kahn (Joseph Kent)

19. Oktober 1905, Mainz – 27. April 1986, San Francisco

„Abgesehen von den vorerwähnten rechtlichen Gründen sollte es eine vornehme Ehrenpflicht eines jeden Landes sein, durch eine entsprechende Anwendung des Gesetzes die moralische Wiedergutmachung an den wenigen, den Gaskammern des Dritten Reiches entronnenen Rechtsanwälten, durchzuführen, und ohne jede Einschränkung die Wiederzulassung vorzunehmen." (1957)

Dr. Josef Kahn
Rechtsanwalt
Mainz, Gr. Bleiche 44
Fernsprecher 3 37 03 (Münsterpl.)

Josef Kahn war mit damals 27 Jahren der jüngste von der Verfolgung betroffene Mainzer Anwalt, er konnte seinen Beruf genau ein Jahr und vier Monate lang ausüben. Kurz nach seiner Zulassung und dem Erhalt des Doktordiploms der Universität Giessen hatte er eine Einzelpraxis in der Großen Bleiche eröffnet und erfreute sich alsbald einer nicht geringen Klientel vor allem aus der Weinbranche – hier dürfte der Beruf seines Vaters *Salomon*, der Weinhändler war, hilfreich gewesen sein. Da er naturgemäß nicht am 1. Weltkrieg teilgenommen haben konnte, fiel er unter keine der Ausnahmeregelungen des Aprilgesetzes und auch sein Versuch, unter Hinweis auf die schwierige wirtschaftliche Situation seiner Eltern und Geschwister sowie die eigene Verschuldung ein Berufsverbot zu verhindern, war zum Scheitern verurteilt.

Kahn verdiente seinen Lebensunterhalt zunächst mit einer Tätigkeit im Sekretariat der Jüdischen Gemeinde und zog im Juni 1935 nach Frankfurt/Main, wo er Geschäftsführer der Weingroßhandlung und Likörfabrik *I.C. Foltz Eberle* wurde. Wie viele andere Leidensgenossen entkam auch er der Verhaftungswelle im Zuge des Novemberpogroms 1938 nicht und verbrachte zwei Monate im KZ Buchenwald. Anschließend betrieb er seine Emigration und im Juni 1939 gelang ihm die Flucht nach England. 1940 musste er als „enemy alien" nach Australien übersiedeln und wanderte schließlich 1946 in die USA aus, wo er sich zunächst als Verkäufer und Handelsvertreter über Wasser hielt, während seine Frau als Physiotherapeutin arbeitete. Erst 1951 hatte er als Geschäftsführender Direktor der im Erzhandel tätigen Firma *Ferore Co. Inc.*, einer Tochter der in San Francisco ansässigen *Western Steel & Metal Corporation* mit Sitz in Panama, wieder ein gesichertes Auskommen. Er starb kinderlos in San Francisco, 80 Jahre alt und von der Parkinsonschen Krankheit gezeichnet.

Kahn gehörte – wie etwa auch der 11 Jahre ältere *Franz Kallmann* – zu denjenigen Emigranten, die mit ihrem früheren Leben in Deutschland keineswegs abgeschlossen hatten. Sie suchten den Kontakt zur alten Heimat, erwarteten allerdings auch eine „Wiedergutmachung" des ihnen zugefügten Unrechts. *Joseph Kent* – wie er sich seit Ende 1955 nannte – führte einen aufreibenden Kampf mit den Entschädigungsbehörden, den Zivilgerichten und der Anwaltskammer Koblenz: Seine Wiederzulassung erfolgte erst 1958 und über seine Rentenansprüche wurde gar erst 1968 vor dem Landgericht Wiesbaden ein Vergleich geschlossen. Für seine Inhaftierung in Buchenwald („Schaden an Freiheit") erstritt *Kent* 300 DM, der Schaden an Eigentum und Vermögen (etwa durch die Plünderung der Wohnung im Zuge des Novemberpogroms) sowie die Auswanderungskosten wurden mit ca. 6.000 DM abgegolten und den finanziellen Verlust aufgrund des Berufsverbotes – beschränkt auf die Zeit Mai 1933 bis November 1951 – errechnete die Behörde unter Zugrundelegung des Einkommens eines Beamten des höheren Dienstes mit 40.000 DM.

Ihm ging es aber nicht nur um materielle Dinge, wie sein Kampf um die Wiederzulassung als Mainzer Anwalt zeigt, von der er in der Praxis unter Berücksichtigung seines Wohnortes und Berufes letztlich kaum Gebrauch gemacht haben dürfte. *Kahn* berief sich zur Stützung seines Gesuches auch nie auf anwaltliches Zulassungsrecht, sondern immer auf die (bundesweit geltenden) Entschädigungsgesetze, die vorsahen, dass einem Verfolgten die Wiederaufnahme seiner früheren Tätigkeit ermöglicht werden muss. Dies sei, so *Kahn* in einer seiner Stellungnahmen wörtlich, nicht nur eine Frage der „materiellen Wiedergutmachung", sondern bezwecke darüber hinaus die „ideelle Rehabilitierung". Eine dauerhafte Wohnsitzbegründung in Mainz oder gar der Verzicht auf die amerikanische Staatsbürgerschaft kamen für *Kahn* nicht in Frage. In einem Brief an den Kollegen *Winter* wies er darauf hin, dass er es ablehne, die Staatsangehörigkeit eines Landes wieder zu erwerben, „in dessen Namen meine nächsten Familienangehörigen (Geschwister und deren Kinder) im Gasofen vernichtet worden sind".

Erst mit Beschluss vom 28. Juni 1957 (Az. 1 W 56/57) sprach das OLG Koblenz der Anwaltskammer die Zuständigkeit ab, über das Gesuch *Kahns* zu entscheiden. Damit war die mit Vorstandsbeschluss vom 17. November 1956 unter Hinweis auf die Verletzung der Residenzpflicht erfolgte Ablehnung der Zulassung, an der ausgerechnet der ebenfalls als „Nichtarier" verfolgte Kollege *Dr. Winter* als zuständiger Berichterstatter erheblichen Anteil gehabt haben dürfte, hinfällig. Nachdem eine Umfrage des Justizministers bei anderen Landesjustizverwaltungen ergeben hatte, dass in den meisten Ländern die Zulassung von Emigranten wesentlich liberaler gehandhabt wurde, erteilte das Ministerium *Kent* dann tatsächlich am 26. Februar 1958 die Zulassung zur Rechtsanwaltschaft bei dem Landgericht Mainz – ausdrücklich aufgrund des Bundesentschädigungsgesetzes und unter Befreiung von der Residenzpflicht. Zu diesem Zeitpunkt war allerdings auch schon klar, dass die künftige Bundesrechtsanwaltsordnung für vergleichbare Fälle eine entsprechende Regelung enthalten würde, nur deshalb gab auch die Kammer ihren Widerstand auf. Immerhin: Am 17. Dezember 1971 gratulierte der Präsident

Ihre Ausfuehrungen waren mir sehr interessant. Ich habe daraus entnommen, dass das Land Rheinland-Pfalz eine Sonderstellung einnimmt. Andere Laender haben in verstaendnisvoller Wuerdigung der Umstaende, die zum Verlust der Deutschen Staatsangehoerigkeit, Annahme einer neuen Staatsangehoerigkeit und Begruendung eines Wohnsitzes im Ausland gefuehrt haben - getragen von dem aufrichtigen Willen zu einer Wiedergutmachung - von den Erfordernissen des Wiedererwerbs der Deutschen Staatsangehoerigkeit, des Verzichts auf die auslaendische Staatsangehoerigkeit und der Begruendung eines Inlandwohnsitzes abgesehen. Anders in Rheinland Pfalz. Welche Stellungnahme die zukuenftige Bundesrechtsanwaltsordnung hierzu einnehmen wird, bleibt abzuwarten. Schon unter diesem Gesichtspunkt halte ich mein Gesuch aufrecht und bitte um Abgabe an den zustaendigen Regierungspraesidenten in Wiesbaden zur Entscheidung. Eine Ruecknahme meines Gesuches kommt nicht in Frage. Ich nehme das Risiko der Abweisung in Kauf.

Zur Vermeidung jeglicher Zweifel moechte ich Ihnen sagen, dass ich weder bereit bin, die Deutsche Staatsangehoerigkeit wiederzuerwerben, noch auf die von mir sehr geschaetzte Nordamerikanische Staatsangehoerigkeit zu verzichten, noch beabsichtige ich meinen staendigen Wohnsitz in Deutschland zu nehmen. Ich glaube, dass ich es mir ersparen kann, Ihnen hierfuer eine weitere Begruendung zu geben.

Meine Reise nach Europa, insbesondere auch nach Deutschland, hat mir einen sehr interessanten Einblick in die dortigen Verhaeltnisse gegeben.

Ich habe sehr gerne vernommen, dass Sie heute wieder ein sehr beschaeftigter und angesehener Anwalt in Mainz sind. Von mir kann ich Ihnen berichten, dass ich nach vielen schweren Jahren mir eine Position bei einem bedeutenden Konzern geschaffen habe. Ich beabsichtige im naechsten Jahr wieder nach San Francisco, Californien zurueckzukehren, wo ich meinen staendigen Wohnsitz nehmen werde.

Bei meiner naechsten Europareise werde ich nicht versaeumen, Sie aufzusuchen.

Ihnen weiterhin alles Gute wuenschend, verbleibe ich

mit besten Gruessen

Ihr

Ausschnitt aus einem Brief *Kahns* an *JR Dr. Winter* – Berichterstatter der Kammer im Wiederzulassungsverfahren – vom 12. Oktober 1954

seinem Kollegen zum 40jährigen Berufsjubiläum, nachdem dieses Datum zunächst übersehen worden war, weil in der Akte nur der Tag der Wiederzulassung vermerkt war. Ein Vorstandsmitglied hatte den faux pas bemerkt und den Kammerpräsidenten um Zustimmung zur Gratulation gebeten – insbesondere „mit Rücksicht auf die erheblichen Schwierigkeiten der erneuen Zulassung", wie es im Vermerk heißt. Das letzte, was *Kent* seiner Kammer – vier Monate vor seinem Tod – schrieb, klingt geradezu versöhnlich: Er bedankt sich für das zum 80. Geburtstag überreichte Buch, das „viele Erinnerungen an die alte Heimat" zurückgebracht habe, eine „schöne und bleibende Erinnerung, auch an die Verbundenheit mit meinen alten Kollegen und Kolleginnen".

Dr.Joseph Kent   20.Dezember 1985

Rechtsanwalt

115 Lomita Avenue

San Francisco, California

94122,   U.S.A.

An den Vorstand

     der Rechtsanwaltskammer Koblenz
     z.Hd. Herrn Präsident Dr.Kern
        D - 5400   K O B L E N Z / Rhein
        Rheinstrasse 24

Sehr geehrte Herren und Damen
Kolleginnen und Kollegen !

    Zur Vollendung meines 80.Lebensjahres am 19.Oktober
haben Sie mir Ihre Glueckwuensche uebermittelt, mit
denen ich mich ausserordentlich gefreut habe.

    Das Büchergeschenk hat mir besondere Freude gemacht
und viele Erinnerungen an die alte Heimat zurueckgebracht.
Es ist eine schoene und bleibende Erinnerung, auch an
die Verbundenheit mit meinen alten Kollegen und Kolleginnen.
    Darf ich Ihnen deshalb meinen besonderen Dank fuer die
besondere Aufmerksamkeit und Ihr bleibendes Wohlwollen
zum Ausdruck bringen.

    Mit den besten Wünschen und freundlichsten Grüssen

                Dr. Joseph Kent
                Rechtsanswalt

46

Dr. Franz (François) Kallmann

3. April 1894, Mainz – 17. Mai 1982, Zürich

„Ich halte es daher für unrichtig, die Frage meiner Wiederzulassung von einer intimen Gewissensfrage abhängig zu machen, deren Lösung reiflicher Überlegung bedarf, und die in großem Maße von der heutigen Einstellung meiner Kollegen, von der Aufnahme, die mir bereitet wird, und davon abhängt, dass ich die volle Überzeugung gewinnen kann, dass die deutschen Rechtsanwälte wieder wirkliche „Rechtswahrer" in dem Sinne der Gleichheit aller vor dem Gesetz sind." (Reaktion auf das Ansinnen der Kammer, als Voraussetzung für die erneute Zulassung beim LG Mainz die deutsche Staatsangehörigkeit wieder anzunehmen)

Dr. Franz Kallmann
Rechtsanwalt
Telephon: Amt Münsterplatz Nr. 811 01
Postscheck-Konto: Frankfurt a. M. Nr. 692 28
*

Franz Kallmann[1] nutzte schon sehr früh die Möglichkeit, vor den neuen Machthabern zu flüchten, obwohl er zu den Kriegsteilnehmern und damit den „privilegierten" jüdischen Anwälten gehörte, die ihren Beruf (zumindest auf dem Papier) noch bis November 1938 ausüben konnten. Dabei gab er eine erfolgreiche Kanzlei auf: Bereits seit 1922 war er nach Ablegung des Assessorexamens als Jahrgangsbester Anwalt in Mainz – bis 1930 gemeinsam mit *Emil Kramer* – und praktizierte zuletzt in dem Gebäude Gartenfeldstraße 1 (Ecke Kaiserstraße). Schon als Referendar hatte er in der Juristischen Wochenschrift eine Debatte mit einem der prominentesten deutschen Anwälte jener Zeit – nämlich *Max Friedlaender* – über die Beiordnung im Armenrecht geführt,[2] eine Frucht seiner Dissertation über die rechtliche Stellung des Armenanwalts (1920). Auch seine Eltern, der Vater *Hermann* war Weinhändler, lebten in Mainz und sind auf

Das Gebäude Gartenfeldstraße 1, in dem sich zuletzt Kanzlei und Wohnung befanden – insgesamt 9 Zimmer im 1. Stock

---

1 Vgl. zu *Kallmann* auch das von seinem Sohn *Ernest* verfasste Porträt: Zivilcourage – Mon pére – François Kallmann 1894–1982, Privatdruck 2007.
2 Vgl. JW 1921, 1210 und JW 1922, 479.

dem Neuen Jüdischen Friedhof begraben. Dennoch entschloss er sich bereits am 3. April 1933, die Stadt zu verlassen. Er gab später an, ihm habe eine Verhaftung gedroht, näheres hierzu ist nicht aktenkundig. Sein gesamtes Hab und Gut blieb in Mainz und nur ein Teil des Mobiliars konnte später nach Paris transferiert werden; die gesamte Büroeinrichtung übernahm der Kollege *Westenberger*, der *Kallmann* bei den nachfolgenden Auseinandersetzungen mit den (Steuer-) Behörden auch anwaltlich vertrat.

Zusammen mit seiner Frau und dem dreijährigen Sohn *Ernest* erreichte *Kallmann* über Umwege Paris, von wo aus er „mit Rücksicht auf die allgemeinen Umstände" gegenüber dem Landgerichtspräsidenten am 17. Juli 1933 den Zulassungsverzicht erklärte. Im Januar 1935 gelang ihm der Erwerb der „licence en droit" an der Universität Paris und er konnte als „conseil juridique" (nichtanwaltlicher Rechtsberater) tätig sein. Im November 1939 meldete er sich freiwillig zur Fremdenlegion und verbrachte ein Jahr in der Sahara, bevor er zu seiner inzwischen nach Südfrankreich geflohenen Familie zurückkehrte. Nach einer abenteuerlichen Flucht in die Schweiz begann er in Basel erneut zu studieren und verfasste eine 434 Seiten umfassende Monographie über die „Anerkennung und Vollstreckung ausländischer Zivilurteile und gerichtlicher Vergleiche", die 1946 erscheinen konnte. Im Juli 1945 kehrte *Kallmann* mit Familie nach Paris zurück und erhielt im November 1947 die – bereits 1938 beantragte – französische Staatsbürgerschaft.

Franz Kallmann mit Ehefrau *Hede* 1926

Wie sein Kollege *Kahn* (bzw. *Kent*), der allerdings deutlich jünger war, erstrebte auch *François Kallmann* einen Ausgleich für die durch das NS-Regime erlittenen finanziellen Nachteile und wollte den Anwaltsberuf – und zwar auch in Mainz – wieder ausüben, ohne hierfür auf den Pariser Wohnsitz und insbesondere die französische Staatsbürgerschaft verzichten zu müssen. Die Einigung über die geschuldeten Kompensationsleistungen erfolgte weitgehend außergerichtlich. Letztlich wurde *Kallmann* für den Erwerbsschaden eine monatliche Rente von 600 DM seit 1. November 1953 gewährt, weitere nicht nennenswerte Beträge erhielt er für den Schaden, der ihm durch den erzwungenen Rückkauf von mehreren Lebensversicherungen, die Verschleuderung seines Wohnungsinventars und die Ausreise selbst entstanden war. Der Verlust des „good will" der Anwaltspraxis wurde durch ein vom LG Mainz im März 1960 verkündetes Urteil mit 7.740 DM beziffert – *Kallmann* musste zwei Drittel der Kosten des Rechtsstreits übernehmen. Noch arbeits- und zeitaufwändiger dürfte der Schriftverkehr im Wiederzulassungsverfahren gewesen sein. Der Antrag *Kallmanns* datiert vom 20. Oktober 1951, zugelassen wurde er – allerdings zunächst beim OLG Neustadt/Weinstraße – am 1. April 1955. Die Kammer Koblenz hatte die Zulassung im Juli 1952 endgültig versagt und das OLG Koblenz die hiergegen eingelegte Beschwerde durch Beschluss vom 11. November 1952 (Az. 1 W 400/52) zurückgewiesen. Zur Begründung verwies es darauf, dass *Kallmann* als Franzose sich gegebenenfalls unter Berufung auf Besatzungsrecht der Judikatur der Standesgerichtsbarkeit entziehen könne – hierbei wurden Wiedergutmachungserwägungen (immerhin gab es 1952 schon ein diesbezügliches Landesgesetz) völlig ausgeblendet. *Kallmann* zog seine gegen den Beschluss eingelegte Verfassungsbeschwerde zurück, als er von der Zulassung eines Kollegen in Neustadt erfuhr, wo man das Besatzungsrecht ganz anders auslegte als in Koblenz. Allerdings blieb *Kallmann* auch in der Pfalz der Streit um die Erfüllung der „Residenzpflicht" nicht erspart; das Problem erledigte sich wohl endgültig erst mit Inkrafttreten des § 213 BRAO im Jahre 1959.

Jedenfalls konnte sich *Kallmann* wieder als Rechtsanwalt bezeichnen – auch nachdem er 1975 den Verzicht auf die Zulassung erklärt hatte. Er verstarb im Alter von 88 Jahren in Zürich.

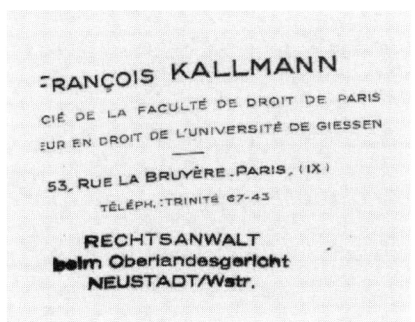

Passphoto von 1970

Dr. Emil Kramer

13. Februar 1878, Mainz – 1. November 1960, Twickenham

„Von 1933 an (...) ging die Praxis rapid zurück und zwar um mindestens 1/3. Fast alle größeren Firmen entzogen die Prozessverteidigung und über-trugen diese einem arischen Rechtsanwalt. Ab April 1934, dem Beginn der eigentlichen Judenaktion, schrumpfte 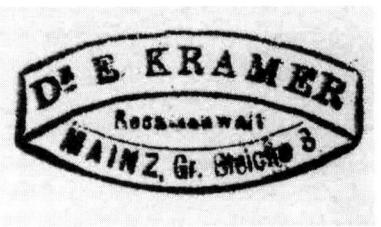 *die Praxis geradezu katastrophal zusammen und die Prozessanzahl war noch nicht mal 1/3 der Jahre vor 1933. Von diesem Zeitpunkt an wurde der größte Teil des Personals entlassen und die Zurückgebliebenen bekamen eine Gehalts-kürzung."* (Eidesstattliche Erklärung der Stenotypistin Franziska Datz vom 10. April 1952)

Emil Kramer musste nach der „Machtergreifung" besonders schwere materielle Verluste hinnehmen; immerhin gelang ihm im Januar 1939 die Flucht nach England

und auch seine Ehefrau und die zwei Söhne überlebten den Holocaust. Als er in London ankam, war er bereits 61 Jahre alt und verdingte sich (nachdem er 1941 eine Arbeitserlaubnis erhalten hatte) als Kellerarbeiter („cellarman") in zwei Hotels, bis er krank und erneut arbeitslos wurde. Von Oktober 1942 bis Mai 1945 war er „inspector" in einer Maschinenbaufirma, musste aber auch diese Tätigkeit auf ärzt-lichen Rat hin aufgeben. Danach wurde er als Büroangestellter beschäftigt, zuletzt beim *Central British Fund for Jewish Rehabilitation & Relief*, wo er Restitutionsansprüche zu bearbeiten hatte.

Englisches „Registration Certificate" vom 26. Januar 1939

Kramer gehörte zu den etablierten und wohlhabenden Mainzer Anwälten. 1904 hatte er in der Großen Bleiche eine Kanzlei eröffnet, von 1922 bis 1930 war er mit seinem früheren Referendar *Franz Kallmann* assoziiert. Die Familie wohnte standesgemäß in einer 7-Zimmer-Wohnung in der Uferstraße. Mit Hilfe einer trotz der erheblichen Bombardierungsverluste erhalten gebliebenen Karteikarte des Finanzamtes gelang ihm der Nachweis, noch im Jahr 1932 einen Betrag von 35.000 RM versteuert zu haben und es ist naheliegend, dass sein Einkommen in den Jahren zuvor sogar höher gewesen ist. In einer im Wiedergutmachungsverfahren vorgelegten Eidesstattlichen Erklärung der Stenotypisten *Friederike Datz* heißt es wörtlich:

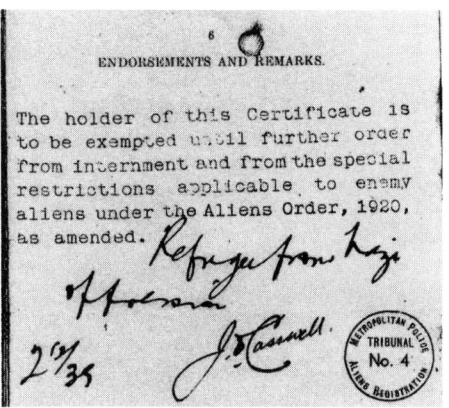

Vermerk im „Registration Certificate", dass Kramer von der Internierung vorläufig ausgeschlossen wird und als „Flüchtling von Nazi-Unterdrückung" gilt

> *„In den Jahren 1929 bis 1933 waren jährlich bis zu 1000 Neuzugänge (...) zu verzeichnen. Während dieser Zeit waren im Büro ein Bürovorsteher, zwei Gehilfen, drei Stenotypistinnen und zwei Lehrlinge beschäftigt. Außerdem mindestens ein, ja sogar zwei Referendare. Das gesamte Personal war mit Arbeit überlastet und die Gehälter wurden stets weit über Tarif bezahlt, wie wir auch zweimal jährlich, und zwar bei Urlaubsantritt und an Weihnachten mit einem Gehalt bedacht wurden."*

In den letzten beiden Jahren vor seiner Ausreise beschäftigte *Kramer* lediglich noch eine Stenotypistin und einen Bürovorsteher, die sich vorwiegend mit dem „Aussortieren von Schuldtiteln" befassen mussten. Die Klientel bestand *„fast nur noch aus Juden, die ab und zu mal Herrn Dr. Kramer infolge Arisierung ihrer Geschäfte konsultierten."*

Der inzwischen 70 Jahre alte *Kramer* meldete seine Restitutionsansprüche bereits 1948 an, erhielt allerdings die maßgeblichen Bewilligungsbescheide erst nach weiterem umfangreichem Schriftverkehr in den Jahren 1953 bis 1958. Der erste, datierend vom 4. März 1953, betraf den durch die Sondersteuern und -abgaben verursachten Vermögensschaden, der wie folgt berechnet wurde (Zitat):

Judenvermögensabgabe:	*RM 21.427.-*
Reichsfluchtsteuer:	*RM 15.216,20*
Abgabe für Umzugsgut:	*RM 3.800.-*
Auswandererabgabe:	*RM 1.764,20*
	RM 42.207,20

Gemäß den Umrechnungsvorschriften erhielt *Kramer* 20% hiervon, also 8.441,48 DM.

```
Aufstellung der bei Auflösung des Bureau grosse Bleiche 3 in Mainz
verschenkten oder verschleuderten Mobilien.
                                                         Wert
1 Kassenschrank                                       RM. 150.-
2 Schreibtische                                       RM. 100.-
1 Tisch                                               RM. 25.-
4 Aktengestelle                                       RM. 200.-
1 Papierschrank                                       RM. 50.-
2 kleinere Aktengestelle                              RM. 50.-
4 Schreibmaschinen                                    RM. 400.-
1 grosser Tisch                                       RM. 50.-
1 Lederbank                                           RM. 25.-
ca. lo Stühle                                         RM. 75.-
4 grosse Sönneckenschränke für Bücher                 RM. 400.-
ca. 17o Bände Entscheidungen des Reichsgerichts
in Zivilsachen                                        RM. 300.-
Die Entscheidungen des Reichsgerichts in
Strafsachen                                           RM. 100.-
ca 25 Bände Entscheidungen des ROHG.                  RM. 50.-
Gebundene Jurist. Wochenschrift 19o4 bis 1938         RM. 100.-
Eine Reihe anderer Jurist. Werke                      RM. 200.-
Beleuchtungskörper                                    RM. 50.-
                                                      RM.2325.-
```

Auflistung der Büroeinrichtung einschließlich Bibliothek

Seine Einkommensverluste in den Jahren 1939 bis 1948 (einschließlich der entgangenen Altersversorgung) wurden mit einer Zahlung von 25.000 DM entschädigt und bezüglich des „good will"-Verlustes einigte er sich im Oktober 1958 mit der Behörde auf eine Zahlung in Höhe von 20.000 DM. Zwei Jahre danach ist er gestorben. Sein jüngster Sohn *Fritz (Frederic)*, der Schüler des jetzigen Rabanus-Maurus-Gymnasiums gewesen war, lebt noch in England. Dessen Sohn (also *Emil Kramers* Enkel) hat in Oxford Jura studiert und wurde Richter am berühmten *Old Bailey* Kriminalgericht in London.

Justizrat Dr. Siegmund Levi

14. Juni 1864, Mainz – 2. Februar 1943,

„Ghetto" Theresienstadt

*„Politisch nicht hervorgetreten, galt
früher als national gesinnter Jude."
(Vermerk zur „politischen Zuverlässigkeit" in einem Fragebogen, vermutlich
1934)*

Justizrat Dr. Sigmund Levi
Rechtsanwalt
TELEPHON 4 23 74

Schon der Vater war ein hoch angesehener Rechtsanwalt (und dazu Mitglied der Stadtverordnetenversammlung): Als *Bernhard Levi* 1883 starb, widmete ihm das Mainzer Tageblatt einen ausführlichen Nachruf und berichtete auf der Titelseite über einen „Leichenzug, wie ihn Mainz noch selten gesehen hat". Nach dem Rabbiner, dem Oberbürgermeister und dem Vertreter des „Mainzer Barreaus" sprach namens der *aus dem Bureau Levi zahlreich hervorgegangenen (...) jüngeren Juristen" Friedrich Carlebach*, dessen Sohn *Franz* rund einen Monat später zur Welt kam, ebenfalls den Anwaltsberuf ergriff und 1942 im KZ Sachsenhausen ermordet wurde. Es ist ein makabrer Zufall, dass auch *Siegmund Levi* ein Jahr danach Opfer der Vernichtung wurde: Er verstarb im Februar 1943 im Lager Theresienstadt, wohin man den 78jährigen ein halbes Jahr zuvor verbracht hatte.

Levi war fast 50 Jahre Anwalt gewesen. Nach einem *„sehr guten"* ersten Staatsexamen promovierte er 1888 in Gießen mit der Dissertation „Vorname und Familienname im Recht" und begann seine Anwaltskarriere mit der im Dezember 1889 erfolgten Zulassung beim „Großherzoglichen Landgericht der Provinz Rheinhessen". Die Kanzlei residierte in der Kaiserstraße, aber wohl bereits 1932 verlegte *Levi* das Büro in sein Wohnhaus Uferstraße 57, welches sein Vater erworben hatte und das heute noch weitgehend unverändert existiert. Bis zu ihrer „Gleichschaltung" war er Mitglied des Vorstandes der Hessischen Anwaltskammer.

Das Beispiel *Siegmund Levi* zeigt in aller Brutalität und tödlichen Konsequenz die Vernichtungsstrategie der Nationalsozialisten. Er verlor alles – die berufliche Existenz (während sein Jahreseinkommen 1930 noch 14.500 RM betrug, schwankte es 1933 bis 1937 zwischen 1.000 und 4.000 RM, zum 1. März 1938 erklärte er den Zulassungsverzicht); das ererbte von der berühmten Mainzer Firma *Bembé* eingerichtete Haus, das er Ende 1937 an die Ehefrau eines Binger Kollegen verkaufte; einen Großteil der luxuriösen Wohnungseinrichtung, die er bei seinem Umzug nach Frankfurt Anfang 1938 zu Spottpreisen verschleudern musste; und schließlich größere Mengen Silber und eine wertvolle Münzsammlung, für deren Abtransport in die Pfandleihanstalt Anfang 1939 zwei Autofahrten erforderlich

III. Vorstand.

Der jetzige Kammervorstand besteht aus folgenden 12 Mitgliedern:

1. Justizrat Dr. Hugo Bender, Darmstadt, Vorsitzender;
2. Geh. Justizrat Adolf Windecker, Friedberg, stellvertretender Vorsitzender;
3. Rechtsanwalt Karl Neuschäffer, Darmstadt, Schriftführer;
4. Rechtsanwalt Fr. Engisch, Gießen, stellvertretender Schriftführer;
5. Justizrat Dr. Sigmund Levi, Mainz;
6. Justizrat Dr. Otto Scherer, Mainz;
7. Justizrat Dr. Max Goldschmidt, Offenbach a. M.;
8. Rechtsanwalt Dr. Fritz Pagenstecher, Mainz;
9. Rechtsanwalt Hermann Mendelsohn, Gießen;
10. Rechtsanwalt Dr. K. Spohr, Gießen;
11. Rechtsanwalt Sigmund Baruch, Worms a. Rh.;
12. Rechtsanwalt Dr. Ferdinand Kleinschmidt, Darmstadt.

Der Vorstand der Hessischen Anwaltskammer im Jahre 1932 mit den Mainzer Kollegen *Levi*, *Scherer* und *Pagenstecher*

waren. Zuletzt blieben ihm in seiner Zwei-Zimmer-Wohnung im jüdischen Altersheim in Frankfurt nur noch Gemälde und Bücher, wie *Michel Oppenheim* als Zeuge im Wiedergutmachungsprozess am 11. Oktober 1962 berichtet hat:

> *„Ich kann mich genau daran erinnern, dass die Wände beider Räume voll gespickt mit Kupferstichen waren. Und zwar handelte es ich um Kupferstiche von Rembrandt, Dürer, den deutschen Kleinmeistern und Franzosen aus dem 18. Jahrhundert. (...) Außerdem hatte er ein Ölbild, welches ein Selbstbildnis von Rembrandt darstellte. Ich muss jedoch in Beziehung auf diese Bild erwähnen, dass die Urheberschaft nicht zweifelsfrei war. (...) Im Schlafzimmer hatte er dann noch eine Holzplastik, die den „Heiligen Martin" darstellte, die aus der ersten Hälfte des 18. Jahrhunderts gestammt haben dürfte. Daneben besaß er 2 Kästen mit verschiedenem Porzellan, u.a. auch Höchster Porzellan und Buxfiguren. (...) Ferner besaß er einen ganzen Schrank voll Moguntiacas (etwa 400 Bändchen)."*

Natürlich entrichtete auch *Levi* 1939 die „Judenvermögensabgabe" (4.000 RM) und überwies im September 1942 die gleiche Summe auf ein Sonderkonto der Jüdischen Gemeinde in Erfüllung des „Heimeinkauf-Vertrages", der seine Deportation nach Theresienstadt besiegelte.

Signatur *Levis* aus dem Jahr 1942

Wohnhaus und letzter Kanzleisitz Uferstraße 57

Siegmund Levi (Datum der Aufnahme
unbekannt)

In seiner 1940 verfassten letztwilligen Verfügung ernannte *Levi* den einzigen in
Mainz noch – mit „Konsulenten"status – zugelassenen „nichtarischen" Kollegen
Heinrich Winter zum Testamentsvollstrecker. Er und seine Nachfolger im Amt
bemühten sich für die nach Argentinien ausgewanderten Erben um Wiedergutmachung – allerdings mit bescheidenen Resultaten. Der Verbleib der Kunstwerke
und der Münzsammlung scheint ungeklärt.

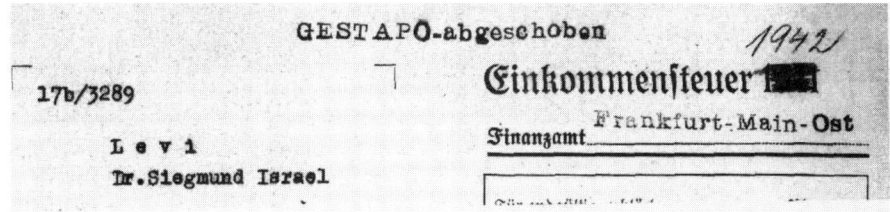

Einkommensteuererklärung 1942 mit dem Stempel „GESTAPO – abgeschoben"

Erläuterungen (wörtlich in den Steuerbescheid aufzunehmen)

Die Steuerfestsetzung weicht von der Steuererklärung in den folgenden Punkten ab:

[handschriftlich] wurde am 18. 8. 1942 evakuiert

Einkommensteuererklärung 1942 mit dem Vermerk „(...) wurde am 18.8.1942 evakuiert"

Otto Neumann

8. Oktober 1885, Stadecken – 27. Dezember 1964, Lakewood

Rechtsanwalt
Otto Neumann
Fernsprecher 2092 N/H1.
Postscheckkonto:
Frankfurt a. M. No. 28 123
Bankkonto:
Kronenberger & Co., Mainz

„Mainz, den 9. Februar 1939 (...) Nachstehend bitte ich das Polizeipräsidium um gefl. Ausstellung eines Passes zur Auswanderung für mich und meine Frau Lilli Sara geb. Nathan. Wir beabsichtigen unseren dauernden Wohnsitz nach Canada zu verlegen; das Visum ist uns bereits durch die canadische Regierung nach Erfüllung gewisser Voraussetzungen in Aussicht gestellt. (...) Da die Devisenstelle zur Vorbereitung des Endbescheides die Pässe benötigt und dieselben vorher dem Franz. Consulat zur Erteilung des Visums vorgelegt werden müssen, wäre ich für eine dringliche Behandlung meines Antrages und baldige Aushändigung der Pässe mit möglichst langer Gültigkeit sehr verbunden. Im Voraus bestens dankend" (Unterschrift: Otto Eduard Israel Neumann).

Kanzleigebäude Schillerstraße/Ecke Große Bleiche

Als aufgrund der 5. Verordnung zum Reichsbürgergesetz klar war, dass *Otto Neumann* sich nur noch bis zum 30. November 1938 Rechtsanwalt nennen durfte, beantragte er bereits zwei Tage vor Zustellung der entsprechenden Verfügung für sich und seine Frau die Erteilung eines Passes für eine Reise nach Frankreich zu beruflichen Zwecken und um seine geplante Auswanderung nach Kanada vorzubereiten. Der Polizeipräsident hatte hiergegen keine Einwände und hielt in einem Vermerk die *„besonderen Verdienste"* Neumanns als *„Verteidiger Deutscher* (sic!) *Staatsangehöriger vor französischer Gerichte* (Kriegsgerichten) *während der Besatzungszeit"* fest. Am 9. Februar 1939 wiederholte *Neumann* seine Bitte und an den amtlichen Kürzeln auf der Rückseite des Antrags kann man den weiteren bürokratischen Weg ablesen: *„Pässe bis 9.2.1940 verlängern und mit „J" Stempel versehen"*, *„Zur Judenkartei"*.

Im März 1939 trafen die Eheleute *Neumann* in Kanada ein und zogen im Jahr darauf in die USA, wo ihr Sohn *Hanns* – jetzt *Harold* – bereits seit August 1938 lebte. Es war das Ende einer erfolgreichen Anwaltskarriere und der Beginn einer neuen und völlig anderen beruflichen Existenz. *Neumann* war seit 1919 Anwalt in

Passantrag vom 6. Juli 1937 mit der maschinengeschriebenen Ergänzung „Religion: Beide israelitisch. Sind nicht arisch".

Mainz gewesen und zeitweise mit *Sigwart Süssel* assoziiert. Die gemeinsame Kanzlei war in der Ludwigstraße 11, zuletzt praktizierte *Neumann* im Gebäude Schillerstraße 50 (Ecke Große Bleiche). Er war prominent geworden als Verteidiger von deutschen Industriellen (darunter *Fritz Thyssen*), die sich 1923 vor dem in Mainz tagenden französischen Kriegsgericht verantworten mussten, weil sie Kohlelieferungen an die Reparationskommission verweigert hatten. Neben ihm auf der Verteidigerbank saß die Anwaltsprominenz des Ruhrgebietes, darunter der deutschnationale Essener Rechtsanwalt *Professor Friedrich Grimm*, der später auch im Auftrag des Naziregimes tätig war. Diese Tätigkeit als indirekter Unterstützer des „passiven Widerstandes" gegen die französische Besatzungsmacht im „Rheinruhrkampf" hat ihm auch nach 1933 einen gewissen „patriotischen Bonus" verschafft und den Umgang mit den Behörden anscheinend erleichtert.

Der Thyssen-Prozeß vor dem französischen Kriegsgericht in Mainz,

seine juristischen Voraussetzungen und seine Auswirkungen.

Von Rechtsanwalt Otto Neumann, Mainz.

Mainzer Journal, Sonderausgabe vom 1.7.1930

17 Jahre später – *Neumann* war gerade einmal 55 Jahre alt – kaufte er mit Hilfe eines Bankdarlehens und Unterstützung der *Jewish Agricultural Society* Grundbesitz in New Jersey, errichtete dort eine Hühnerzuchtfarm und kehrte bis zu seinem Eintritt in den Ruhestand nie wieder in einen rechtsberatenden Beruf zurück. Auch sein Sohn *Harold* wurde Hühnerzüchter, bevor er den Lehrerberuf ergriff; dessen Sohn *Ronald* allerdings folgte wieder der großväterlichen Neigung: Er ist Rechtsanwalt in New York.

Otto Neumann auf der Verteidigerbank im „Thyssen-Prozess"

Dr. Paul Simon

13. Oktober 1884, Mainz – 1977, White Plains

„Ich glaube sagen zu können, dass ich damals in meinem beschränkten Lebenskreis die Synthese zwischen Judentum und Deutschtum verwirklicht hatte, die mir als großes Ziel für die allgemeine Entwicklung vorschwebte und die Hitler dann in seinem fluchwürdigen Hass und Wahn unmöglich machte. Aber, bis das Deutschland, das ich geliebt hatte, ihm zum Opfer fiel, gehörte ich dazu, fühlte ich mich, obwohl ich stets bewusster Jude und ein Gegner der Assimilation war, als Deutscher, der die deutsche Kultur, Dichtung, Kunst und Musik als sein Erbgut aufgenommen hatte." (Paul Simon 1967)

Das vorstehende Zitat deutet bereits an, wer *Paul Simon* (auch) war: Ein selbstbewusster Jude, der seine Heimat Deutschland – und seine Heimatstadt Mainz – sehr geliebt hat. Erfolgreicher Anwalt war er ebenfalls: Nach dem Jurastudium in München, Berlin und Gießen legte er das Referendarexamen mit „sehr gut" ab, promovierte „summa cum laude" über „Die Einigung des Sachenrechts als Verfügungsbeschränkung" und bestand 1910 die Zweite Staatsprüfung als Jahrgangsbester. Im gleichen Jahr wurde er Anwalt, assoziierte sich nach dem Ersten Weltkrieg kurzfristig mit *Bertram Sichel*, führte dann eine Einzelkanzlei und gründete 1926 eine Sozietät mit seinem früheren Referendar *Fritz Boerckel*. Büro und Wohnung lagen sich in der Kaiserstraße schräg gegenüber.

Simon war politisch und gesellschaftlich aktiv, vielseitig kulturell interessiert und als erfolgreicher Anwalt ein typischer Vertreter des gehobenen (jüdischen) Bürgertums. So war er Vorsitzender der Ortsgruppe Mainz der Deutschen Demokratischen Partei (DDP), Mitbegründer des Mainzer Rotary-Clubs, Mitglied der Rhenusloge (einer jüdischen Wohlfahrtseinrichtung), des Keren Hajessod (ein Fond zur Unterstützung der Aufbauarbeit in Palästina), des Vorstandes der Israelitischen Religionsgemeinde und nicht zuletzt der Theaterkommission – in dieser Eigenschaft engagierte er sich u.a. gemeinsam mit *Ludwig Strecker*, seinem Klienten und Mitinhaber des *Schott-Verlages*, für *Hans Rosbaud* als Leiter der Sinfoniekonzerte.

Fritz Boerckel blieb seinem jüdischen Sozius bis Ende 1936 treu. Auch große Firmen, etwa der *Deutsche Benzolverband* und die Firma *Michelin*, wollten auf ihren Rechtsberater ungeachtet damit verbundener wirtschaftlicher Nachteile nicht verzichten. *Michelin* wurde sogar von Heereslieferungen ausgeschlossen, weil man

Vor- und Zuname	Paul S i m o n
Doktorwürde	4.IX.1906 Giessen summa cum laude
Zeit und Ort der Geburt	13.X.1884 M a i n z
Beruf des Vaters	Bankdirektor
Arische Abstammung a)des Beamten b)seiner Ehefrau	
Parteizugehörigkeit	früher Deutsche demokratische Partei & Staatspartei
Zugehörigkeit zu politischen Verbänden	---------
Glaubensbekenntnis	israelitisch
Familienverhältnisse	verheiratet seit 12.XI.1911 mit Lili geb.Loeb ✝ ,seit 17.IX.1924 mit Sophie geb.Frank; 4 Söhne im Alter von 21, 14, 9 & 5 Jahren
Kriegsdienst. Kriegsverletzungen ge- sundheitsschädliche Fol- gen des Kriegsdienstes. Kriegsauszeichnungen	2.8.1914 bis 31.I.1918,seit 20.1.1915 Leutnant d.L.der Fussartillerie, 1918 Herzneurose ohne dauernde Folgen E K. II & Hss.Tapf.Med.
Vereidigt	27. Dezember 1905 als Referendar Ende Dezember 1910 oder Januar 1911 als Rechtsanwalt in Mainz
Zeit und Ergebnis der Prüfung als	Referendar: Herbst 1905 sehr gut Assessor: Oktober 1910 sehr gut & an erster Stelle.
Dienstverhältnisse	Zulassung zur Rechtsanwaltschaft beim Landgericht Mainz seit 20.XII.1910.

Personenfragebogen (Eintragungen von 1934 mit Nachtrag betr. Zulassungsrücknahme 1938)

das jüdische Aufsichtsratsmitglied *Paul Simon* nicht entlassen wollte (*Simon* legte sein Amt daraufhin freiwillig nieder). Dennoch wurde die anwaltliche Tätigkeit „im Laufe der Jahre immer unerfreulicher", wie *Simon* es formuliert hat. Den letzten Anstoß zur Flucht gaben die Ereignisse des 9. November 1938, von denen die

Familie *Simon* nur deswegen nicht direkt betroffen war, weil *Michel Oppenheim* mit seiner einmaligen Porzellansammlung einer von *Simons* Mietern in der Kaiserstraße 21 war und der Direktor des Mainzer Altertumsmuseums, *Professor Ernst Neeb*, den Polizeischutz für das gesamte Haus veranlasste, als er von den Plünderungen erfuhr. Jedenfalls gelang es *Simon* – wenn auch unter großen Schwierigkeiten – ein Einreisevisum für die Schweiz zu erhalten, wo er 1930 ein Haus gekauft hatte. Am 25. April 1939 verließ die Familie *Simon* Mainz und lebte dann noch ein Jahr in ihrem Haus in Lungern, bis es nach Überwindung diverser bürokratischer Hürden gelang, ein Visum für die USA zu erhalten. Am 18. Mai 1940 schifften sich die *Simons* in Genua mit Ziel New York ein, wo sie 10 Tage später mit der „George Washington" eintrafen.

Reisepass mit dem am 8. Dezember 1938 eingestempelten „J"

In den USA entschied sich *Paul Simon* aus vielerlei Gründen gegen einen Neuerwerb der Anwaltslizenz – unter anderem deswegen, weil er von der Berufsethik amerikanischer „lawyers" im Großen und Ganzen wenig hielt. Stattdessen wurde er „Certified Public Accountant" (eine Art vereidigter Buchprüfer) und übte diese Tätigkeit bis ins hohe Alter erfolgreich aus. Hierbei kamen ihm seine Kenntnisse des Steuerrechts zu statten. 1948 nahm er auch die alten Kontakte zur Firma *Michelin* wieder auf. In diesem Jahr machte sich *Simon* selbständig, die Bürogemeinschaft *„Simon, Angel and Marx"* hatte ihre Räume in der Nassau Street in New York. *Simon* war so erfolgreich, dass er ein finanziell sorgloses Leben führen konnte.

Paul und *Sophie Simon* in White Plains (1964)

Dr. Fritz (später Frederick F.) Straus

6. Juli 1902, Bad Nauheim – 10. April 1990, Los Angeles

Fredrich F. Straus

„Auch wurde 1933 bei einer Razzia gegen Juden ein Ansturm auf mein Büro vorgenommen. Ich wurde dabei verhaftet und auf das Polizeiamt in der Klarastraße geführt. Dortselbst verhörte mich der SS Führer Ober und empfahl mir für mindestens einen Monat aus Mainz zu verschwinden, da die aufgeregte Volksmenge gegen mich aufgebracht sei und ich andernfalls zu meinem Schutz in ein Konzentrationslager überführt werden müsse."
(1958)

Dr. phil. Fritz Straus – er hatte in Gießen über „Die Grenzen gewerkschaftlichen Wirkens in der Geschichte der Lohntheorien" promoviert – war erst 30 Jahre alt und fünf Jahre Anwalt, als seine damals noch bescheidene, aber hoffnungsvolle Karriere abrupt beendet wurde. Er hatte seine Kanzlei zuletzt im 1. Stock des „Telehauses" am Münsterplatz und es gelang ihm sogar, die Ausnahmeregelung des Anwaltsgesetzes für Frontkämpferangehörige für sich in Anspruch zu nehmen, obwohl nicht sein Vater, sondern „nur" zwei ältere Brüder im 1. Weltkrieg gefallen waren – offenbar erschien dieses Schicksal ähnlich gravierend, so dass man eine analoge Anwendung der Vorschrift für vertretbar hielt. Das schützte ihn allerdings nicht vor einer Erstürmung seines Büros durch die SS im August 1933, bei der ein Herr *Dörrhofer* ihm so heftig auf das rechte Auge schlug, das die Sehkraft des Brillenträgers auf Dauer beeinträchtigt wurde.

Im Jahre 1935 ließ ihn das Telegrafenamt als sein Vermieter wissen, dass Beschwerden eingegangen seien, weil eine Behörde an einen „Nichtarier" Räume vermiete. Im Oktober desselben Jahres verließ *Straus* Mainz und emigrierte in die USA, im März 1937 erklärte er von Dallas aus den Verzicht auf die Zulassung. Dort war er als Hilfsarbeiter auf Ölfeldern beschäftigt und später Teilzeit-Syndikus bei der *Brookside Oil Company*. Im September 1943 erhielt er die US-Staatsbürgerschaft und wurde sofort zur Armee eingezogen, um zunächst in einer Flugzeugfabrik und dann in einer Ölraffinerie den Job eines im Kriegseinsatz befindlichen Soldaten zu übernehmen – was 1946 zwingend das Ende dieses beruflichen Intermezzos bedeutete. 1947 gründete *Straus* ein Porzellangeschäft, von dem er seit 1949 leben konnte. Er starb mit 88 Jahren in Los Angeles als letzter der vor der „Machtergreifung" in Mainz tätig gewesenen jüdischen Anwälte, denen die Flucht ins Exil gelungen war.

Max Tschornicki

9. August 1903, Rüsselsheim – 20. April 1945, KZ Dachau

„Es ist kaum anzunehmen, dass ein deutsches Gericht den „neuen Staatswillen", der den Täter nicht nach der Tat, sondern nach der G e s i n n u n g straft, aner-kennen wird. Aus diesem Grunde wird sich auch, wie wir zuver-sichtlich hoffen, die neue Verord-nung in der Praxis a n d e r s auswirken als es ihre Redakteure wünschen."
(Tschornicki über die „Reichstagsbrandverordnung", Mainzer Volkszeitung vom 6. März 1933)

MAX TSCHORNICKI
RECHTSANWALT

SPRECHZEIT: 3½-6 UHR NACHM.
AUSSER SAMSTAGS
BANK-KONTEN:
MAINZER VOLKSBANK E.G.M.B.H. MAINZ
COMMERZ- UND PRIVATBANK, MAINZ
POSTSCHECK-KONTO:
FRANKFURT MAIN NR. 52442

Paul Ronell (1915 – 1992), der mit Max` Bruder *Julian* gut befreundet war, bezeichnet in seinen 1995 publizierten Jugenderinnerungen *Max Tschornicki* als den „einzigen jüdischen Rechtsanwalt in Mainz" und auch in einem Beitrag für das im Jahr 2000 erschienene dreibändige Werk „Die Zeit des Nationalsozialismus in Rheinland-Pfalz" tauchen kurz nacheinander einerseits der *„jüdische Rechtsanwalt Max Tschornicki aus Mainz"* und andererseits ein *„Rechtsanwalt Neumann aus Mainz"* auf, obwohl dieser – im rechtlichen Sinne – nicht weniger jüdisch war als jener (und noch viele andere). Die Apostrophierung *Tschornickis* als „jüdisch" wirft ein bezeichnendes Licht auf die Art und Weise, wie er von der Außenwelt wahr-genommen wurde. Die Gründe für eine solche – von Religion bzw. Herkunft geprägte – Sichtweise sind in seiner Person leicht zu finden: Die Eltern waren orthodoxe Juden russischer Abstammung, der Vater war jüdischer Kultusbeamter und übte den Beruf des „Schochet" (Schächter) aus, er selbst war aktiv im *Jung-Jüdischen Wanderbund* und im *Jungzionistischen Kreis. Tschornicki* war schon deswegen ein dankbares Opfer der antisemitischen Stigmatisierung, darüber hinaus aber nach der „Machtergreifung" vor allem aufgrund seiner politischen Sympathien in akuter Gefahr: Schon als Jugendlicher trat er bei der *USPD* als Versammlungs-redner auf (einer der Gründe für seinen Schulverweis mit 17 Jahren), er war Mitglied bei den *Jungsozialisten*, der *SPD* und im *Reichsbanner Schwarz-Rot-Gold*. Als Anwalt hatte er sich in zahlreichen Strafprozessen – meist ging es um Land-friedensbruch als Folge handgreiflicher Auseinandersetzungen zwischen National-sozialisten und Angehörigen des Reichsbanners – als Verteidiger bzw. Nebenklage-vertreter der letzteren profiliert und war auf diese Weise immer wieder in die Schlagzeilen der Lokalpresse geraten

Als die Nationalsozialisten an die Macht kamen, war er noch keine 30 Jahre alt. Vielleicht hat er die Gefahr, in der er schwebte, unterschätzt. Noch am 6. März 1933 erschien in der sozialdemokratischen Mainzer Volkszeitung sein Beitrag „Neues

Artikel in der Mainzer Volkszeitung vom 6.3.1933

Ausnahmerecht", in dem er die „Reichstagsbrandverordnung" vom 28. Februar
1933 als den „schwersten und unerhörtesten Eingriff in die persönliche und
politische Freiheit des deutschen Staatsbürgers seit dem Kulturkampf und seit der
Zeit des Sozialistengesetzes" kritisiert, der „kein langes Leben beschieden" sei. Tags
darauf fand man einen früheren Klienten *Tschornickis* – den Reichsbannermann
Julius Frank – erhängt im Dolgesheimer Spritzenhaus und es spricht einiges dafür,
dass es sich keineswegs um einen Selbstmord gehandelt hat. Vermutlich besteht
auch ein Zusammenhang mit der am 8. März erfolgten kurzfristigen Verhaftung des
Anwalts. Vom 16. März 1933 datiert seine ausführliche Begründung eines Haft-
prüfungsantrags in einem Landfriedensbruchverfahren wegen eines Vorfalls in
Siefersheim Anfang März, die allerdings nicht von *Tschornicki* selbst unterzeichnet
ist. Zwei Wochen später geriet er wieder in „Schutzhaft", der vom 30. März
datierende „Schutzhaftbefehl" stützt sich auf jene Verordnung „zum Schutz von
Volk und Staat", die *Tschornicki* knapp vier Wochen zuvor in der Volkszeitung so
heftig kritisiert hatte. Am 21. April 1933 wurde er entlassen, konnte aber die
Freiheit nicht lange genießen, denn bereits im Juni erfolgte seine erneute Inhaftierung und die anschließende Einlieferung in das KZ Osthofen bei Worms. Von
dort gelang ihm am 3. Juli des selben Jahres die Flucht.

Der jüdische Rechtsanwalt Tschorniki geflüchtet.

Bekanntlich wurde der jüdische Rechtsanwalt Tschorniki in Schutzhaft genommen
und nach Osthofen ins Konzentrationslager
verbracht. T. ging gestern flüchtig. Daraufhin wurden seine Eltern und seine Braut
im Laufe des gestrigen Tages in Haft genommen.

Mainzer Tageszeitung vom 5.7.1933

Dieses waghalsige Unternehmen hat vermutlich Spuren in der Weltliteratur hinterlassen: *Anna Seghers* schildert in ihrem Roman „Das siebte Kreuz" das Schicksal von sieben Häftlingen, die einem fiktiven „KZ Westhofen" entkommen. Sie könnte hierzu durch Zeitungs- und Zeugenberichte über *Tschornicki* und *Osthofen* inspiriert worden sein.

Zunächst schien es, als könne er seinen Verfolgern entkommen. Er versteckte sich bei einem befreundeten Schmied in der Pfalz, floh dann nach Saarbrücken und, als das Saargebiet dem Deutschen Reich angegliedert wurde, nach Frankreich. 1935 hielt er sich in Toulouse auf, wo er von der Verhaftung seiner Verlobten und deren Mutter erfuhr und sich in einer Eingabe an die deutsche Botschaft für deren Entlassung einsetzte. Das Bittschreiben gelangte über das Auswärtige Amt an die Gestapo und damit auf den Schreibtisch von *Werner Best*, der als „Staatskommissar für das Polizeiwesen in Hessen" 1933 für die Einrichtung des KZ Osthofen verantwortlich und zwischenzeitlich zum stellvertretenden Leiter des Geheimen Staatspolizeiamtes aufgestiegen war. Dass ausgerechnet er *Tschornickis* Gesuch befürworten würde, war nicht zu erwarten.

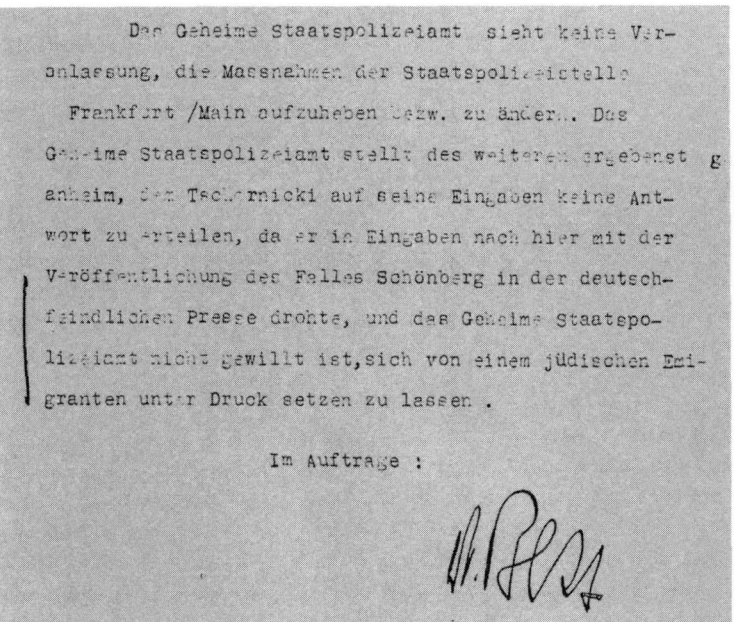

Brief des stellvertretenden Gestapo-Chefs *Werner Best* an das Auswärtige Amt vom 1.6.1935

Im Juni 1940 wurde *Tschornicki* in Marseille von Gestapobeamten festgenommen. Sein weiterer Leidensweg ist bislang dunkel geblieben. 1943 jedenfalls erfolgte seine Verbringung in das KZ Dachau, wo er am 20. April 1945 – also nur neun Tage vor der Befreiung – ums Leben kam.

Kurzportraits

Dr. Ludwig Baum

15. Dezember 1883 – ?

Baum war Notar in Wörrstadt. Ihm gelang es offenbar im Sommer 1933, als Anwalt in Mainz zugelassen zu werden – ein unter den gegebenen Umständen ungewöhnlicher Vorgang, der noch nicht aufzuklären war. Jedenfalls konnte er 1939 in die USA fliehen. Sein weiteres Schicksal ist bislang unbekannt.

Franz Carlebach

2. September 1883, Mainz – 14. März 1942, KZ Sachsenhausen

Carlebach entstammte einer Juristenfamilie: Sein Vater Justizrat *Dr. Friedrich Carlebach* war ein hoch angesehener Rechtsanwalt, sein Bruder *Ernst* Staatsanwalt (er wurde Ende März 1933 beurlaubt, aufgrund der „Nürnberger Gesetze" zum 31. Dezember 1935 in

Franz Carlebach
Rechtsanwalt
— M A I N Z —
Fernsprecher 325 07

den Ruhestand versetzt und verstarb am 20. Oktober 1941). *Franz Carlebach* war evangelisch: Bereits 1906 hatte er die Konfession gewechselt und war nach der „Machtergreifung" sogar Mitglied des vorübergehend existierenden „*Reichsverbandes nichtarischer Christen*". Weil er schon 1912 zur Anwaltschaft zugelassen wurde, fiel er unter die Ausnahmeregelungen des Anwaltsgesetzes vom 7. April 1933 und konnte seinen Beruf noch bis November 1938 ausüben. Er wurde 1942 nach Sachsenhausen verschleppt und ermordet.

Nr. 175

Aktennotiz
über eine Besprechung auf der Geheimen Staatspolizei
- Aussendienststelle Mainz - vom 15. Juni 1942

(...)

3. Wegen der Asche Franz Carlebach soll die Schwägerin an das Lager schreiben. Soweit bekannt, besteht eine Frist von 4 Wochen, innerhalb der die Asche angefordert werden muss.

Notiz *Michel Oppenheims* vom 15.6.1942 (vgl. Ziff.3 zu *Franz Carlebach*)

Dr. Eduard Herz

2. November 1889, Worms – ?, (1937 in die USA emigriert)

Herz war gebürtiger Wormser, promovierte in Giessen und ließ sich – allerdings erst nach dem Ende des 1. Weltkriegs – in Mainz als Anwalt nieder. Er praktizierte gemeinsam mit Justizrat *Drucker*, zuletzt in der Großen Bleiche 39. Seine Herkunft hat er nicht verheimlicht, ganz im Gegenteil, wie eine Anekdote aus der Sammlung des Kollegen *Gassner* berichtet: Als einmal die vier –

sämtlich recht groß gewachsenen – beim OLG Darmstadt zugelassenen Mainzer Anwälte vor dem dortigen Zivilsenat erschienen und vom Vorsitzenden als *„vier deutsche Eichen"* apostrophiert wurden, trat *Herz* vor und erklärte: *„Nur drei, Herr Vorsitzender! Und eine Zeder vom Libanon."* Im April 1936 reiste er mehrere Wochen nach New York – vermutlich diente dieser Aufenthalt bereits der Vorbereitung einer Emigration. Bevor er Deutschland verließ, erklärte er im September 1937 die Aufgabe der Zulassung.

Arnold Hans Horch

27. März 1886, Mainz – 29. Juli 1937, Mainz

Horch war konfessionslos, galt aber als „Nichtarier" und war daher ebenfalls den Verfolgungsmaßnahmen ausgesetzt. Er gehörte zu den vier „nichtarischen" Kollegen, denen nach Auffassung des Anwaltvereins auch während der illegalen Aussperrung in den ersten Apriltagen 1933 das Auftreten vor Gericht weiter erlaubt sein sollte. Der Landgerichtspräsident stimmte dem zu, weil gegen seine Persönlichkeit, *„insbesondere seine hochanständige Gesinnung"* nichts vorzubringen sei. 1911 zugelassen, konnte er zwar aufgrund der am 10. April 1933 in Kraft getretenen gesetzlichen Regelung Anwalt bleiben, wurde allerdings sogleich zum Opfer der antisemitischen Presse, weil die Mainzer Tageszeitung seine am 27. Oktober 1933 erfolgte Scheidung zum Anlass nahm, unter der Überschrift *„Ehescheidung eines Juden im Schnellverfahren"* einem – im Gegensatz zu · *Horch* namentlich nicht genannten! – Richter vorzuwerfen, er habe *„Klassenjustiz"* geübt und sich zum *„Hausburschen eines Juden"* erniedrigt. Warum *Horch* bereits mit 51 Jahren starb, ließ sich bislang nicht feststellen.

Justizrat Dr. Otto Lichten

2. September 1861, Mainz – 11. Oktober 1936, Frankfurt/Main

Fast 50 Jahre lang war *Lichten* Anwalt in Mainz, als er drei Jahre nach *Hitlers* Machtantritt verstarb. In dieser Zeit hatte er seine Büros in der Dominikanerstraße, der Franziskanerstraße, der Großen Bleiche und zuletzt in der Albinistraße. Sein Grab befindet sich auf dem Neuen Jüdischen Friedhof in Mainz.

Justizrat **Dr. Otto Lichten**
Rechtsanwalt
bei den Gerichten der Provinz Rheinhessen
und dem Oberlandesgericht Darmstadt
Mainz a. Rhein
Große Bleiche 56 ¹/₁₀ I
—
Fernsprecher 31857
Postscheckkonto Frankfurt am Main
Nr. 13804.

Berthold Mannheimer

1855 – ?

Herbert Mannheimer

17. April 1901 – 30. November 1943,

Vernichtungslager Auschwitz

Vater *Berthold* und Sohn *Herbert Mannheimer* führten zuletzt eine gemeinsame Kanzlei in der Lotharstraße 11. Beide waren offenbar prominente Strafverteidiger und auch im Auftrag der Rechtsschutzorganisation *„Rote Hilfe"* tätig. Sein Kollege *Dr. Gassner*

hat *Herbert Mannheimer* als eine *„theatralisch-strahlend-künstlerisch"* auftretende Figur beschrieben, *„immer in ganz verschlissener Robe"*. Darauf angesprochen, soll er zu einem jüdischen Kollegen gesagt haben: *„Diese Robe hat mein Vater hier am Landgericht schon getragen, als dein Vater in Polen noch mit Hasenfellchen gehandelt hat."*

Mit mehreren Eingaben im April 1933 bemühten sich die beiden um einen Erhalt der Zulassung des damals gerade 32 Jahre alt gewordenen Sohnes, zumal der schon 78jährige Vater allein zu einer Weiterführung der Kanzlei nicht in der Lage gewesen wäre. Aber auch der Hinweis darauf, dass die Familie *Mannheimer* als in Hessen ansässig *„bis Mitte des 17. Jahrhunderts nachweisbar"* sei und aus den Einkünften der Praxis sechs Familienmitglieder versorgt werden müssten, beeindruckte das Justizministerium nicht – und eine von *Herbert Mannheimer* eingelegte *„Beschwerde"* war natürlich erfolglos. Er ist dann offenbar nach Frankreich geflohen und wurde von dort aus nach Auschwitz deportiert.

Justizrat Dr. Ernst Reinach

8. Dezember 1860 – 19. Juli 1942

Rechtsanwälte
Dr. Sichel ∗ Dr. Reinach
Justizräte
═══ MAINZ ═══

Telephon No. 628. An d

Postscheck-Konto
Frankfurt a. M. No. 13810.

Reinach war bei *Hitlers* „Machtergreifung" bereits 73 Jahre alt und Seniorpartner der Kanzlei *Reinach/Winter/Jacob* in der Fuststraße 15, die sich zum 1. August 1935 auflöste. Seine Zulassung hatte er im Mai 1889 erlangt, im November 1937 gab er sie auf. Sein letzter Kanzleisitz war in der Bauhofstraße 4, wo er früher gemeinsam mit Justizrat *Sichel* die Praxis ausgeübt hatte. Im Jahre 1940 war seine finanzielle Situation so schlecht geworden, dass er beim Präsidenten der Reichs-Rechtsanwaltskammer Unterstützung beantragte. „*Unterhaltszuschüsse*" von monatlich maximal 250 RM konnten – nach dem Gesetzeswortlaut – den seit November 1938 mit Berufsverbot belegten jüdischen Anwälten bei „*Bedürftigkeit und Würdigkeit*" gewährt werden, finanziert wurden sie allerdings aus den Einnahmen der wenigen noch als „Konsulenten" tätigen früheren Kollegen! Der Landgerichtspräsident befürwortete das Gesuch, wie es entschieden wurde, war nicht festzustellen. *Reinach* starb – womöglich durch Selbstmord – kurz vor der drohenden Deportation. Er ist auf dem Neuen Jüdischen Friedhof in Mainz begraben.

Justizrat Dr. Bertram (Bertrand) Sichel

30. Dezember 1861, Mainz – 27. September 1940, Wiesbaden

Sichel war – neben *Berthold Mannheimer* – der 1933 am längsten zugelassene „nichtarische" Mainzer Anwalt (seinen Austritt aus dem Judentum hatte er bereits 1928 erklärt). Im April 1886 war seine Eintragung in die Liste der beim Landgericht zugelassenen Anwälte erfolgt und er verlor die Zulassung erst mehr als 52 Jahre später. Lange Zeit war er mit Justizrat *Reinach* in einer Sozietät (Bauhofstraße 4). Ende 1930 änderte er seinen Vornamen in *Bertrand*, seiner polizeilichen Passakte sind zahlreiche Auslandsaufenthalte zu entnehmen. Aus der Gonsenheimer Lennebergstraße verzog er nach Wiesbaden in die Wilhelmstraße, wo er auch verstarb.

Sigwart (Samuel) Süssel

7. Februar 1894, Straßburg – 1979, Chilliwack

Die Tatsache, dass *Süssel* aufgrund des
Bekenntnisses zu seiner deutschen Herkunft
nach dem 1. Weltkrieg das Elsass verlassen
musste, verschaffte ihm Anfang April 1933
nochmals einen kurzfristigen Bonus: Der
Landgerichtspräsident befürwortete im
Hinblick auf das unter Beweis gestellte
„Deutschtum" (wie in den Fällen *Drucker* und
Winter) auch sein weiteres Auftreten vor Gericht. Seit 1923 war er – mit einer
kurzen Unterbrechung aufgrund eines vorübergehenden Berlin-Aufenthaltes –
Anwalt in Mainz, bereits 1924 hatte er sich mit *Otto Neumann* assoziiert. Ende
Februar 1937 teilte er dem Landgericht mit, er habe die Zulassung zum
Jahresbeginn aufgegeben, woraufhin am 5. März 1937 seine Löschung in der
Anwaltsliste erfolgte. *Süssel* hatte sich zwischenzeitlich über verschiedene
Auswanderungsziele informiert und entschied sich für Kanada, wo seine
Schwägerin lebte. Nach schwierigen ersten Jahren wagte er einen kompletten
Neuanfang: Er kaufte eine Farm im Frazer Valley (Britisch-Kolumbien) und wurde
Landwirt. Tatsächlich gelang es ihm und seiner Familie nach vielen Rückschlägen,
mit dem Verkauf von Hühnern, Kühen und deren Produkten den Lebensunterhalt
zu verdienen. Den sehr deutsch klingenden Vornamen „Sigwart" hatte er in
„Samuel" geändert. Sein 1931 geborener Sohn *Walter* lebt heute noch in Kanada
und hat auch Mainz im Rahmen einer jüdischen Begegnungswoche wieder besucht.

DᴿR S. SÜSSEL
RECHTSANWALT

MAINZ
LUDWIGSTRASSE 11

FERNSPRECHER: 2092
POSTSCHECK 161716 Frankfurt a. M.

Justizrat Dr. Heinrich Winter

27. Februar 1882, Mainz – 6. Januar 1961, Mainz

Auch *Winter* war nicht Mitglied der jüdischen
Gemeinde, sondern bereits seit 1908
evangelisch und gehörte – wie *Franz
Carlebach* – nach 1933 dem „Reichsverband
nichtarischer Christen" an. Promoviert an der
Universität Giessen 1905, wurde er fünf Jahre
später Anwalt in Mainz und war zum

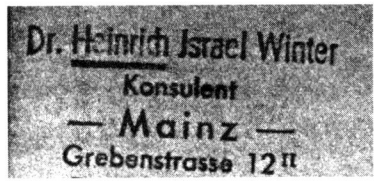

Zeitpunkt der „Machtergreifung" mit den Kollegen *Ernst Reinach* und *Ludwig
Jacob* zu einer Sozietät verbunden, die sich dann unter dem Druck der Verhältnisse
im August 1935 auflöste: *Winter* ging seinem Beruf anschließend in der
Privatwohnung „An der Karlsschanze" nach. Er gehörte neben *Drucker* und *Süssel*
zu denjenigen, deren weiteres Auftreten vor Gericht während der Aussperrungs-
maßnahmen Anfang April 1933 vom Landgerichtspräsidenten (nach Rücksprache
mit dem Anwaltverein) befürwortet wurde – und zwar ausdrücklich unter Hinweis

auf seinen Konfessionswechsel und das ihm verliehene „Eiserne Kreuz I. Klasse".
Wegen seines Alters blieb er ohnehin zunächst von einem Berufsverbot verschont.
Er selbst hat seine Position im Kreise der anderen „Nichtarier" einmal wie folgt
beschrieben:

> „Wenn bei dem Unterzeichneten die Verhältnisse anders liegen, so ist dies
> darauf zurückzuführen, dass ich im technischen Sinne arisch verheiratet
> war, aus meiner Ehe ein Sohn hervorgegangen ist, der evangelisch ist und
> im Sinne der Terminologie Mischling 1. Grades ist. Schließlich kam bei mir
> noch hinzu, das ich schon seit Jahrzehnten zur evangelischen Konfession
> übergetreten war und außerdem im Sinne der damaligen Gesetze
> Frontkämpfer, Offizier und Inhaber des EK 1. war, worauf wenigstens in
> den Jahren 1933 – 1935 Rücksicht genommen wurde, so dass meine Praxis
> nicht in der Weise in Mitleidenschaft gezogen wurde, wie die des Klägers."
> (Zitat aus einer Stellungnahme im Wiedergutmachungsprozess Guthmann
> ./. Land Hessen).

In der Tat erwies sich seine Position auch späterhin als so gefestigt, dass das
Justizministerium ihn nach der durch die 5. Verordnung zum Reichsbürgergesetz
mit Wirkung zum 30. November 1938 verfügten allgemeinen Zulassungsrücknahme
zum einzigen „Konsulenten" für den Mainzer Landgerichtsbezirk ernannte. Nicht
lange nach einer vorübergehenden Inhaftierung im „Arbeits- und Erziehungslager"
Frankfurt-Heddernheim im Sommer 1943 wurde ihm allerdings auch diese
Tätigkeit untersagt. Er war jedoch – erkennbar gegen den Willen des OLG-
Präsidenten, aber mit Zustimmung der Mainzer Justiz – noch 1944 als
Nachlasspfleger tätig. Die letzten Kriegsmonate hielt er sich versteckt. Unmittelbar
nach Kriegsende halfen Winters Auskünfte den Behörden bei der Einschätzung der
Zuverlässigkeit des Anwalts- und Justizpersonals. Im Oktober 1945 erfolgte seine
formelle Wiederzulassung, am 31. Dezember 1949 wurde er zum Justizrat ernannt.

Der Oberlandesgerichtspräsident

Darmstadt, den 24. Juni 1944.
Rheinstraße 62
Sammelrufnummer 7711 für Orts- und Fernverkehr

– 3712 a E 2 –

<table>
<tr><td>Landgerichtspräsident
Mainz</td></tr>
<tr><td>Eing. 27 JUN 1944</td></tr>
<tr><td>Anlagen:</td></tr>
</table>

An den

Herrn Landgerichtspräsidenten

in M a i n z.

Betr.:Den ehemaligen jüdischen Konsulenten
Dr. Heinrich Israel Winter in Mainz.

Die Prozeßabteilung des Oberlandesgerichts teilt mit,
daß in einer Nachlaßpflegschaftssache Levy des Amtsgerichts
Mainz (4 VI 738/42) der bisherige Konsulent Dr. Heinrich Israel
Winter als Nachlaßpfleger tätig ist und noch am 6.6.1944 Schrift-
stücke eingereicht hat.
Die Bestellung Dr. Winters zum Nachlaßpfleger erfolgte
am 12.1.1943, wird aber offensichtlich auch nach dem am
22. Januar 1944 erfolgten Widerruf seiner Zulassung als jüdischer
Konsulent fortgesetzt.
Ich bitte um Nachprüfung, ob diese Tätigkeit **Dr.**Winters
in einer Nachlaßpflegschaft mit den Bestimmungen der AV.d.RJM.
vom 17.10.1938 – Deutsche Justiz S. 1666 – unter Berücksichtigung
des Zulassungswiderrufs zu vereinbaren ist.
Dr. Winter soll sich angeblich wieder auf freiem Fuße
befinden und in Mainz, An der Karlschanze 5, wohnen.

Im Auftrag .
gez. Dr. Wellmann
Oberlandesgerichtsrat.

Beglaubigt:

Justizobersekretär.

1. Akten Mainz 4 VI 738/42,Nachlasspflegschft Levy einfordern.
2. Wv. 10.7.44.   Mainz, den 27.6.44.
Der Landgerichtspräsident
JV

Brief des OLG-Präsidenten an den Mainzer LG-Präsidenten vom 24.6.1944 (Nachfrage betr. die Aktivitäten des früheren „Konsulenten" *Heinrich Winter*)

Foto- und Dokumentennachweis

S. 21 ....BPS Mainz
S. 22/23 ....HStADa Abt. G 21/63
S. 27 ....Personalakte LG
S. 31 ....Personalakte LG
S. 34 ....Personalakte RAK
S. 38 .... Amt für Wiedergutmachung Saarburg Nr. 107499
S. 40 ....HHStAW Abt. 518 Nr. 8889
S. 45 ....Personalakte RAK
S. 46 ....Personalakte RAK
S. 47 ....BPS Mainz
S. 48 ....Privat
S. 49 ....Privat
S. 50 ....Amt für Wiedergutmachung Saarburg Nr. 13802 I
S. 51 ....Amt für Wiedergutmachung Saarburg Nr. 13802 I
S. 52 ....Amt für Wiedergutmachung Saarburg Nr. 13802 I
S. 55 ....Privat (Fotos)
S. 55 ....HHStAW Abt. 676 Nr. 7416
S. 56 ....BPS Mainz
S. 57 .... LA Speyer H 79 Nr.155
S. 60 ....Personalakte LG
S. 61 ....Privat
S. 65 .... LA Speyer H 91/5795
S. 67 .... Nachlass Michel Oppenheim Bündel 49 (Stadtarchiv Mainz)
S. 73 ....Personalakte LG

Abkürzungen

BPS Mainz ....Bild- und Plansammlung des Mainzer Stadtarchivs
HHStAW ....Hessisches Hauptstaatsarchiv Wiesbaden
HStADa .... Hessisches Staatsarchiv Darmstadt
LA Speyer .... Landesarchiv Speyer
LG .... Landgericht (Mainz)
RAK .... Rechtsanwaltskammer (Koblenz)